I0838787

MISERIAS TERAPÉUTICAS

La terapia imperfecta

Una obra colaborativa escrita por los miembros de Macroscopio.

www.macroscopio.com

COORDINADORA

Sara González Cuesta

AUTORAS

Silvia Peral Feliz
Montse Peña Megía
Blanca Pérez Molina
Lola Ramos Sánchez
Manuela Prehn Junquera
Luis Antonio Merayo Alonso
Rafi Martínez Lastra
Fran Diaz Quintana
María Christiansen
Rosa Coscolla Aisa
Raquel M. Ruiz Pérez
María Jiménez Alonso
Sara Enrique Belda

EDITORAS

Silvia Martín Espíldora
Beatriz Pinto Recio
Silvia Peral Feliz
Sara González Cuesta

ÍNDICE

MISERIAS

CONTENIDOS EXTRA

Qué es este despropósito y de dónde surge

Sara González Cuesta

15 de Abril de 2021

"La sesión del otro día fue tan informal, irreverente y acogedora que salí de ella reparada. Cuando una intenta leer y asistir a muchos cursos a veces se siente inferior con tanto postureo del éxito.

El mercado está lleno de libros escritos por terapeutas que tratan de apoyar, normalizar, validar emociones y connotar positivamente todas las dificultades del mundo…. Todas menos las nuestras.

Bajemos al terapeuta al mismo lugar terrenal que el resto de humanos… menos Nardone y White, esos viven en otro lado.

En ese lugar, lo menos elegante es lo realmente reconfortante: dar voz a las miserias. Tanto en la batalla como en el juego (libre) hay sangre, hay lágrimas y hay barro."

Silvia P. en el foro de **www.macroscopio.com**

Así fue como comenzamos a tejer.

Aquella sesión a la que se refería Silvia fue pura **catarsis**. Era su primera supervisión simétrica en Macroscopio y, precisamente ese día, nos fuimos enredando de un tema a otro y al final no hubo caso. Fue impactante e inesperado. En seguida supimos que teníamos algo potente entre manos.

En quién estábamos pensando cuando escribíamos

Hemos escrito este libro pensando en nuestros "*yoes*" del pasado. Porque es el libro que nos habría gustado encontrar al inicio de nuestra andadura terapéutica. Y nos ilusiona pensar que quizás alguien lo reciba de ese modo.

Independiente de si está empezando o lleva treinta años en consulta, porque ¿sabes qué? la experiencia no es tan relevante. Hemos descubierto que unas miserias mutan en otras, se transforman. Y si las dejas ponerse cómodas, se quedan contigo para siempre.

Así que nuestra propuesta es que las miremos de frente y las saquemos a pasear para que les dé el aire. Que dentro acaban cogiendo olor a rancio.

Verás que este libro es como esas mantitas hechas con distintas lanas de colores. Que juntas conforman una manta preciosa y única. Hemos querido que sea así, renunciando a darle una estructura fija a los capítulos, porque cada uno de ellos tiene una voz única. Una vivencia honesta. Y para que así fuera, no podíamos amordazar la creatividad.
Así que te vas a encontrar de todo en este libro: Un poco de ensayo, historias muy noveladas, también algo científico y hasta un capítulo al más puro estilo epistolar.

Pero antes de abrir la jaula y que escapen nuestras miserias, nos hace ilusión contarte cómo ha sido el proceso.

Cómo ha sido este viaje colectivo al inframundo de la terapia

El primer paso fue recopilar ideas a través de un foro en la web de Macroscopio, donde dejamos rienda suelta para desahogarnos y airear los trapos sucios del *cubrediván.*

Eso nos llevó a una pregunta inquietante.

Nos sentíamos muy identificadas de forma colectiva, pero ¿Sería una pedrada nuestra?, ¿lo compartirían otras terapeutas externas al proyecto? Necesitábamos saber si aquello tenía el respaldo de otras profesionales. Fue ahí cuando se nos ocurrió construir un cuestionario abierto al público que además nos serviría para seguir recopilando ideas.

Aquí sucedió algo que marcó un antes y un después: cuando nos pusimos a transformar ideas en ítems, perdimos toda la magia. Nuestro cuestionario recordaba a un trabajo de *Evaluación psicológica I* y no lo iba a responder ni Perry. Estuvimos a punto de desinflarnos, pero el *instinto macarrilla* nos liberó y acordamos que el cuestionario tenía que ser coherente con el tono en el que pretendíamos escribir el libro.

Después de varias sesiones de trabajo en grupo y un caos importante por empacho de democracia, decidimos delegar la tarea a un grupito reducido y así agilizar el proceso.

A esas alturas, todas nuestras dudas estructurales las encomendamos a los resultados que arrojaría nuestra *meticulosa* investigación.

El cuestionario empezó a circular por redes sociales y grupos de WhatsApp de terapeutas, trayéndonos muchos más datos de los que habíamos marcado como objetivo para que la muestra fuera modestamente representativa.

Además, el feedback ya nos estaba dando pistas de cómo lo recibía la gente. No era algo exclusivo de un grupo de frikis que nos juntábamos a hablar de nuestras miserias, se unían terapeutas respetables, con años de experiencia, que se lo habían pasado bien respondiendo y metiendo el dedito en la llaga.

Una vez recogidos los datos, fue cuando entró en juego Sara Enrique, miembro de Macroscopio y representante en la tierra del dios SPSS. Y no bastaba sólo con detectar información valiosa en los datos, había que tener la gracia y la pedagogía que tiene ella para que nosotras lo supiéramos interpretar.

Nuestra fantasía colectiva de extraer factores que agruparan nuestras miserias hizo aguas. Podríamos haber seguido por ahí, porque Sara nos dio alas para seguir escarbando en los datos, pero finalmente decidimos tomar el cuestionario como una fuente de inspiración y una pista para distribuir el contenido, ya sin ansias.

Así que nos repartimos las miserias atendiendo a las preferencias de cada cual y escogiendo entre aquellas que habían recibido un mayor respaldo por parte de la comunidad. Escribiríamos sobre los lugares comunes que más nos motivasen, al fin y al cabo, una cosa teníamos muy clara desde el principio: nos habíamos metido en este berenjenal para disfrutarlo.

Aquí vino uno de los momentos más críticos del proceso: Asumir individualmente la responsabilidad de plasmar lo que hasta ese momento eran conceptos ambiguos y colectivos. Fue entonces cuando surgió la figura de la *"Madrina"*. Para evitar los dos extremos *"Esta miseria es mía y hago lo que me dé la gana"* y *"¡Dios santo! ¿Cómo voy a reflejar todo el conocimiento humano sobre este tema sin infectarlo con mi despreciable subjetividad?"*

Cada madrina cuidaría a su miseria con respeto y sensibilidad por todas las posibles miradas, pero con la libertad de plasmarlo con su toque personal. Y para materializar esa vinculación de cada cual con su miseria, decidimos crear un ritual colectivo que resultó ser estimulante y ameno a partes iguales.

Lo llamamos "*Bautizo*". Las madrinas recogieron del grupo un aluvión de ideas, anécdotas, referencias bibliográficas y cualquier cosa que pudiera aportar luz en su camino.

Una vez distribuidas las miserias y amadrinadas oficialmente, comenzó la fiesta. Cada cual delante de un papel en blanco con la presión de enseñar algo digno en la próxima reunión. Surgían mil dudas. Calienta *Síndrome del Impostor*, que sales.

El proceso de escritura colaborativa

En este punto surgió algo espontáneamente que acabó siendo crucial. Posiblemente la diferencia entre que hubiéramos tropezado y que ahora estés leyendo esto.

Varias personas no se arrancaban a amadrinar miserias, sin embargo estaban súper motivadas con el proyecto y querían aportar su granito de arena (que ha acabado siendo un pedrusco).

Nombramos a Silvia Martín y a Beatriz Pinto *editoras*. Imprescindibles para generar una visión global del manuscrito y ofrecer apoyo a las redactoras. Su papel ha sido indispensable para poder avanzar tantísima gente en paralelo.

Además asumieron el desafío de elaborar un glosario de definiciones irreverentes para acompañar nuestras miserias. Cuando tuvimos todos los borradores miserables, llegó el momento de la vergüencita. De leernos unas a otras.

Y una vez leído: Vale, ¿ahora qué hacemos con ésto?
Si no hay factores, ¿cómo lo estructuramos? Habíamos dado
libertad absoluta a nivel de estilo, con la premisa de mantener un tono desenfadado, ahora no podíamos pretender
que fuera homogéneo, pero ¿Sabes qué? Su inconsistencia
nos pareció maravillosa.

Surgió entonces la imagen de la mantita de colores. Cada
una de las piezas tenía su propia vida y todas juntas forma-
ban algo hermoso en su caos organizado.

A partir de ahí quedaba pulir y rematar los textos con la ayuda
de las editoras y unificarlo todo. Y en paralelo, empezar a
pensar en la distribución, soñar con ilustrarlo… Quizás esa es
la parte menos exótica del proceso, pero sí la que ha permitido
que ahora tú lo estés leyendo.

Quién sabe a dónde nos llevará esto. Ahora que sabemos
lo enriquecedor que puede llegar a ser y los vínculos tan
increíbles que hemos creado en estos meses de sueños y
temores compartidos.

Cómo leerlo

Evidentemente puedes leerlo como te dé la gana, pero ten
en cuenta que el libro consta de varios bloques. El principal
son las miserias, que son independientes unas de otras,
por lo que puedes leerlas correlativamente o salpicadas. El
índice te ayudará a detectar con cuáles conectas más.

Además de esta Introducción y las propias miserias, podrás
encontrar al final varios contenidos complementarios. Por un
lado un glosario que puede venir bien a cualquier persona
que no esté familiarizada con la jerga sistémica. Y por otro,
una radiografía del esqueleto de este proyecto: el famoso
cuestionario. Y añadimos un resumen del informe de Sara E.
porque, al margen del rigor científico del asunto, hay mucho

sobre lo que reflexionar (quizás dé para una segunda parte). En cuanto a las formas. No está hecho para pieles finas. Si lo vas a leer con una ceja levantada, ahórrate ese tiempo, porque nos hemos dejado llevar mucho y eso puede no gustar a todo el mundo. Avisada quedas.

Por cierto, notarás que usamos a menudo el femenino para generalizar. Es que el 80% de quienes nos leen y el 90% de quienes lo han escrito somos mujeres. Es lo que hay. Lo dicho, si supone un problema para ti, puedes pasar directamente al último punto del siguiente apartado.

Qué puedes hacer después de leerlo

Se nos ocurren algunas ideas:

- Regalárselo a alguna otra terapeuta miserable.
- Dejarlo en el baño para releerlo de forma intemitente y así de paso moderas tu consumo de redes sociales.
- Venir al próximo Encuentro del Día de la familia (15 de mayo) y abrazarnos, o partirnos las piernas.
- Hacerte miembro de Macroscopio y participar en el próximo libro.
- Abandonarlo en un banco del parque y espiar a quien lo coge.
- Tirarlo a la basura. Quizás sería lo más sensato.

Nosotras lo vamos a celebrar con mucha ilusión y lo pondremos en un lugar privilegiado de nuestra estantería. Con todos esos otros libros que hemos leído con devoción de terapeutas que hablan de sus éxitos y que tanto nos inspiran.

Si lo disfrutas y te remueve una cuarta parte de lo que a nosotras escribiéndolo, podremos decir que ha merecido la pena.

Sobre las preguntas en terapia

Silvia Peral Feliz

[1]Más de la mitad de nosotras (59,5%) nos hemos frustrado al no conseguir el mismo efecto que el que vemos en los libros. Con menudo nos vamos a comparar…

NO,
SÉ

Querido Michael White:

¿Cómo te va por ahí arriba? Unas compañeras y yo estamos escribiendo un libro sobre nuestras miserias como terapeutas. Creo que te gustaría la idea. Narramos y construimos significados. Posiblemente preferirías que hablásemos sobre nuestros hechos extraordinarios, pero en esta ocasión hemos preferido liberar a los monstruos. Encerrados dentro asustan mucho. Quizá se porten mejor después de haberse conocido y de jugar juntos. (= Forma poética, repipi y alargada de decir lo mismo que con tres palabras: "mal de muchos…".)

Escribo cartas a mis familiares, a mis consultantes, a todo el mundo. En esta ocasión te he elegido como destinatario porque sé que te encantan, pero también porque te admiro. Y como no estás entre nosotros, no puedes enfadarte. Tampoco creo que lo hicieras. Seré directa: Me haces sentir tontísima.

Te escribo a ti, pero representas a todos aquellos terapeutas que en algún momento me han hecho sentir lo mismo. Por supuesto, sé que empequeñecerme no es vuestra intención en ningún universo. Esta sensación nació mucho antes de conoceros.

Aaaay, Michael… El noble arte de preguntar… Bello, como cada centímetro de la Alhambra. Imposible de copiar, como las pinturas hiperrealistas de Leng Jun. Hazte con los mejores materiales del mundo, apúntate a mil cursos, escoge una de sus obras e inténtala imitar. No queda igual, ¿verdad?

"Impostora" pretende compararme contigo y con todos tus colegas. He subrayado tus preguntas, me he hecho words con ellas. Leía los diálogos de vuestros libros y tapaba con un folio para pensar qué preguntaría yo. Buena idea para inspirarse y practicar. Pésima si la usas para medir tu valía. Vuestras preguntas son brillantes, sí, pero a veces cuanto más brilla la pregunta… más brilla por su ausencia la respuesta. Por supuesto, no es culpa vuestra. Y mucho menos de aquellos a quien van dirigidas. No eres tú Michael, soy yo. (Qué novelera se pone una).

Dicen que "No hay pregunta sin respuesta, sino mal formulada". Esto se queda corto, ¿no crees? Me hace pensar sólo en el "qué". Las preguntas mal formuladas tienen mil disfraces. A mí me ha salido una lista de 11:

1. *"La Matagrillos"*. Como salida desesperada a un silencio que te tortura.
2. *"La Instagramer"*. Puro postureo. Que se note lo que has invertido en libros.
3. *"La Scarface"*. Ametralladora de preguntas contra personas indefensas.
4. *"La Escopeta de Feria"*. Te equivocaste de persona. Igual tenías que haber apuntado medio metro a la derecha.
5. *"La Desubicada"*. ¡Buena pregunta! (si no la hubieras hecho justo ahora).
6. *"La Gollum"*. La que abre mucho los ojos y busca desesperada la respuesta que quiere escuchar. Y solo le vale esa.
7. *"La Gioconda"*. Aquella que confunde por el lenguaje no verbal que empleas.
8. *"La Revuelta"*. Sucesión incoherente de varias, como quien mezcla en la sartén un huevo con un poco de pasta de dientes, un diente de ajo y un par de gominolas.
9. *"La Filibustera"*. La que cuando terminas no sabes si era una pregunta o el discurso de Ted Cruz en 2013 de nada menos que 22 horas contra el "Obama Care".

10.   *"La Japonesa"*. Pregunta que utiliza el lenguaje del terapeuta en lugar del de la familia. Cambia de mote si la familia es japonesa.

11.   *"La Que Nunca Se Hizo"* o más peliculera: *"La Oportunidad Perdida"*. Sobre todo cuando en el tren que se escapó viajaban las de los recursos y las mejorías[2].

"¿Cómo diablos lo haces?" Te preguntaba tu colega David Epston en la presentación de "Mapas de la práctica narrativa". "Transformo lo que voy a decir en preguntas", dijiste. Así, sin más. Como si no fuera algo grande, como si contigo no fuera la cosa. Oye, Messi, ¿cómo se regatea? "Pues nada, ¿ves este balón? Lo das unos toques con el pie y ya está, no tiene más." "Pero abuela, ¿Cuántos huevos le echo? ¿Cuántos minutos dejo haciéndose la tortilla?" "Eso, a ojo", respondía. Que no, abuela, que quiero que me digas X minutos exactos con X patatas exactas, con X huevos exactos y X gramos concretos de puñetera sal.

A mí no me sale como a ti, Michael. No me sale una tortilla decente, y no me sale preguntar como lo hacías tú. Tengo fama de hacer las peores tortillas del mundo siendo uno de mis platos favoritos y tu manera de guiar la conversación me sabe a gloria, como la tortilla, pero no me sale. No-Me-Sale.

Supongo que te dan ganas de deconstruir un poco mi problema y preguntarme cómo he llegado a esta sensación. Te contaré que, paradójicamente, de pequeña tenía fama de ser una niña estomagantemente preguntona. Recuerdo cuando descubrí el método socrático en el instituto. Me fascinaba la idea de vencer a tu oponente sin necesidad de luchar y dejando que él solito dejara patente lo erróneo de sus argumentos. Un filón para una niña con una "Impostora"

---

[2] El 46,01% admitimos que caímos en el tan conocidísimo como ineficaz intento de solución de "dar la chapa" y nos olvidamos de preguntar.

de serie a cuestas: "No tienes que demostrar nada, sólo hay que preguntar para arrinconar al rival." Pero claro, esa era mi visión adolescente. Sócrates no quería vencer a nadie. Tampoco alcanzar la verdad. Creo que era de los nuestros. Lo reconozco, una parte de mi sigue usando las preguntas "para el Mal" en el terreno personal. No estoy orgullosa de ello. Preguntas que no nacen de la curiosidad ni de las ganas de tender puentes, entre tú y yo: nacen de la activación del nada simpático "Simpático", de la sensación de amenaza, del deseo de ganar.

Permíteme que comparta contigo una historia a modo de ejemplo, como a ti te gusta. Te sitúo: en consulta con Marta, una chica de 13 años, maravillosa (Alerta Resonancias), y su madre, una madre que me activa el Simpático igual de "sutilmente" que un resbalón en la ducha. Marta estaba intentando salir de "La Ostra" y cambiar su relación con su compinche, "Elquédirán". Después de asegurarme de que Marta deseaba vencer estos problemas, después de haber detectado de qué manera limitan su vida, connotar positivamente "la Prudencia" como forma de protección y pedirle que vayamos despacio y que no abramos "La Ostra" bruscamente, abro mi cajón mental sobre preguntas. Tendrías que ver mis cajones. ¿Conoces a Marie Kondo? Pues igual… (Pero todo lo contrario).
Una escala. Esta la responde sí o sí, al final sólo hay 10 opciones, ¡malo será!

— Ya conoces nuestra escalera, Marta. Si el 0 es el momento en el que más cerrada estaba "La Ostra" y más fuerte gritaba "Elquédirán", y el 10 es el momento en el que más Libre de ser tú misma te has sentido… ¿Dónde estamos ahora?
— Mmmm, pues no sé, un 4 o un 5. Sí, yo creo que un 5.
— ¡2 puntos en sólo 2 semanas! Recuerda que debemos ir despacito, Marta… ¿Cómo has conseguido esto? Cuidado, pregunta abierta. Se abren apuestas.
— Pues…
— Te dice 5 porque quiere quedar bien, como hace con todo el mundo. Menos conmigo, claro.
— Interrumpe su madre.

Rompió un poquito la magia, Michael, no te voy a engañar, pero su comentario me despertó un recuerdo bastante relevante: Hace años me pasaba algo jugando yo el rol de consultante: quería dar buenas respuestas a mi terapeuta. La tenía en un pedestal, y todavía hoy me encantaría ser como ella. Me hacía preguntas raras, de las tuyas, y yo, por no decirle "no sé", me inventaba aquello que yo pensaba que ella querría escuchar. No quería que pensara que no era lista, o que no reflexionaba, o que su trabajo no me estaba sirviendo y pudiera sentirse mal. Me esforzaba por tener una buena relación con ella, me importaba mucho lo que pudiera pensar. Quería que tuviera una imagen positiva de mí. Quería complacerla.

Sabía que tenía que tener esto en cuenta con Marta, pero esto son miserias y van en crudo. Insistí. Luego reformulé la pregunta. Con su cara pizpireta, encoge y baja rápidamente los hombros a la vez que entrecierra los ojos y sube las cejas. Unos labios arqueados hacia abajo en señal de aparente desdén o de indefensión aprendida quizá. Sí, tenía toda la pinta, iba a ser un perfecto:

— NO SÉ.

Estaba tardando, al principio era su única respuesta. La repetí. Esperé. Le reconocí que sé que a veces es difícil detectar qué ha sido lo que hemos puesto en marcha. No me ajusté a lo que necesitaba después de lo que acababa de soltar su madre. Me puse pesada[3].

— Que no séeeeeee. Que responda mi madre. Redirigiendo ruta.

---

[3] No estás sola: un gran 51,52% necesitamos un extra de autorregulación cuando los "no sé" dominan la conversación.

Mi querido Michael, tú dices que cuando nos topamos con un "no sé" podemos jugar a las adivinanzas con el resto de personas.

> — Muy bien, a ver si acertamos. Carmen, dinos si vamos "frio o caliente". ¿Qué crees que respondería Carmen si supiera.
> — No sé, que se esfuerce un poco y lo diga ella, ¿no?
> — ¡Ay mamáaaaaa, que no séeeeeeee!

Perfecto. ¿Qué bonito, eh, Michael? ¿Y ahora qué? ¿A quién le pregunto? ¿Al peluche que tengo justo a mi derecha? ¿A una de las marionetas?

Quería buscar hechos extraordinarios, construir conversaciones que iluminan. En especial, cuando los padres están delante. La audiencia y el cambio de mirada son importantes. Pero a veces una no calibra, y no se ha asegurado previamente de que obtendrá respuesta. Si no la hay… duele. Recuerdo preguntar a unos padres por alguna "historia de valentía" y recoger, un "¿este? ¡En su vida!" Me faltó recordarles que en tus libros dicen que siempre las hay.
Creo que "el no sé" más doloroso que he escuchado fue con mis primeras familias, hace unos 8 años. Pregunté a unos padres por las cosas que les gustaban de su hijo más allá de los problemas, aquello que les gustaría que no cambiara. Después de mirarse el uno al otro durante un buen rato y tras unos cuantos "ehhh….mm…eh…" concluyeron respectivamente "la verdad es que ahora mismo no se me ocurre nada" y un sencillo "no sé". Ay Michael, si vieras la cara de ese niño… Una buena resbalada. Ahora me aseguro de que a esa pregunta sí o sí va a haber respuesta antes de hacerla.

Reconoceré algo: Mi reacción ante los "No Sé" depende de la resonancia que produzca en mí el tipo de persona que lo pronuncie. Y también de que otros lo escuchen. Con los niños no me suele costar meter el freno, activar el vagal-ventral y conectarme. Cuando hay adultos (en especialpadres) implorando cambios, me cuesta más.

No es fácil aguantar un silencio. Distinguir si la presión que sientes por dar o recoger una respuesta es suya, tuya o compartida. Subo la apuesta: sostenerlo es fácil, pero hacerlo de manera que favorezca un estado de calma y de reflexividad es cosa aparte.

"El silencio es el sol que madura los frutos del alma…" Dice un tal Maurice Maeterlinck. Claro, ese no tenía a una madre delante mirándote pensando en el dinero que te paga mientras tú y su hija os ponéis a madurar los frutos del alma. Tampoco creo que Pablo Neruda mantuviera su citadísimo "Me gusta cuando callas porque estás como ausente" en este contexto. ¿Con un adolescente a solas? Puede. ¿Con una madre que te clava la mirada? Poca broma, Neruda.

¿Te acuerdas de *"Érase una vez el cuerpo humano"*? A veces me imagino que hay un señor rechoncho con gafas (no me juzgues) en el mando de control de mi cerebro redactando preguntas a toda prisa mientras suda mucho y va convir- tiéndolas en bolas que descarta tirándolas y amontonán- dolas en la papelera. En la escena aparece un mono muy eléctrico con una escopeta al que le encanta recoger las ideas de mierda que ya estaban arrugadas en la papelera y lanzárselas a los músculos de mi lengua. "¡Por Dios, contró- lale, así no hay quien piense!" Le pide el señorito rechoncho a una especie de budista que sólo causa la risa nerviosa del mono. "Tranquilo, recuerda que un silencio nervioso suelta las lenguas y luego nos toca aguantar la miserable retahíla nocturna de la dueña".

Y ahí estaba yo, Michael, pasando un apurillo en una sesión que pensaba que iba a ir como la seda. (Nivel 1 de malestar, tampoco pienses, los graves los dejo para otras miserias). Escena in situ representando el problema. La madre ya es bastante insistente, no podía jugar a lo mismo de ella. Ay, pero es que me mira como esperando que lo haga…

    — A ver, Mart… Soo! No lo hagas, Silvia.
    Intento ineficaz de solución.

También podría intentar quedar bien como lo hace con sus amigas e intentar ser la "paciente perfecta", pero no lo estaba haciendo. Imagino que puse cara dulce y comprensiva para ella, y cara de "tranquilaqueyoséloquemehago" para su madre. Ay, si ella supiera…

> — Bueno, en el fondo tienes derecho a no saberlo. Y tienes derecho a responderte en tu mente si quieres. Muchos chicos responden lo primero que les viene a la cabeza, pero creo que tú prefieres estar segura y no decir cosas por decir, ¿es así?

Bueno, no estuvo mal la salida para las pingoletas que dio mi cabeza. Pensé que podríamos terminar la sesión con algún objetivo en claro. Se muere un gatito llamado Shazer si no lo hago. Quería saber sobre todo cómo la mamá podría ayudarle contra el "Elquédirán". Uy, uy, espera….

Redoble de tambores. Música de diva de los años 50. La PREGUNTA DEL MILAGRO entra en escena. Los focos la alumbran. Empujando a las demás, abriéndose paso, con mucha ilusión y muchas ganas de entrar.
Me la imagino con una boa de plumas en los hombros y un poco de cara de loca. ¡Me tocaaaaa!

Las preguntas sobre excepciones, el resto de preguntas que podrían haberse hecho sobre la escala (o sea, todas), las preguntas circulares que podría haber usado en ese momento me miran con cara de asombro. "Oh, no, va a convencerle de nuevo. Qué pringada".
Se achican, se apartan y ceden su sitio a doña Milagro, marchando en fila, ellas solitas, hacia el "pozo-de-las-preguntas-también-muy-pertinentes-que-a-Silvia-no-le-dio-la-gana-preguntar".

"¡Perdón, chicas!. Sé que lleváis años preparándoos y que no os lucís como vosotras sabéis. Tenéis mucho potencial. Es que me bloqueo y ella sabe cómo aprovecharse. Es una estrella…"

Miles de chispazos y de caminos en mi mente abriéndose a la vez. ¿Conoces esta sensación que produce el juego del Rummikub o del ajedrez? Rama vagal-dorsal activada. Es un "kjdshfh" que te atrapa la garganta y estalla en tu cerebro. Hay muchas opciones y no te da la cabeza para contemplar y anticiparte a todas ellas. Te sientes tonta.

Entiéndeme Michael, Doña Milagro a veces lo pone fácil. Se sabe su papel de memoria. Prometo que no voy a dejarla decir su retahíla cual lorito y que tendrá que usar las palabras que Marta y su madre nos han dicho hasta ahora. Haberlas, hailas. No creas que sucumbo tan fácilmente a sus encantos, sigo siendo la directora y yo decido cómo y cuándo. Ttttsssss…He estudiado mucho, ¿vale?

(Pregunta del milagro TAL CUAL, la de siempre, como en el maldito libro).[4]

> —No sé. ¡Es que hoy no se me ocurre nada!
> — Es que aparte de ser muy cerrada tampoco tiene mucha imaginación. Aprende todo de memoria, pero luego no sabe razonar. Como cuando dibuja, sólo copia cosas. Ayyyy, señora.
> — Pues no me explico cómo puede ser posible teniendo como madre a semejante fuente de inspiración.
> — Es que yo qué sé, es que no sé qué decirte.
> — Bueno, pues yo tampoco sé. Hala, pa'casa.
> (Que no, es broma).

He buscado "No sés" en tus libros. Con todos mis respetos, Michael, ¿has visto los "no sés" que muestras? A veces cambias un poco la pregunta que te ha sido "devuelta" por otra incluso más enrevesada, y ¡tachán! Los "no sé" se convierten en respuestas que harían las delicias de cualquier terapeuta.

Por suerte, voy aprendiendo a poner normas a "Impostora" y "Perfeccionista", mis inseparables amigas. Quieren prote-

---

[4]Un 25,15% no sabíamos que la pregunta del milagro tenía más intringulis de la que parecía (antes de que nuestras consultantes nos bajaran a la realidad.

germe de "Vergonzosa", la mirada de los demás le pone tensa. Les estoy enseñando a hablar un idioma algo más compasivo. Cuando se revuelven les pongo el gráfico de Dunning-Kruger y listo. Sé que mis preguntas (y mis tortillas) mejoran con el tiempo, con los errores… y con los aciertos. Hacer preguntas es una habilidad, sí o sí se beneficia de la práctica. Ser un genio no es la única manera de hacer arte. Cuando me enseñaste las "preguntas de externalización" sólo utilizaba palabras bélicas. Más tarde descubrí que no tenía por qué ser así. Gajes de un oficio en el que la experiencia es un grado (y la que me queda).

Me ha quedado una carta un poco larga. Lo siento, no tengo remedio. ¿Qué me contestarías si pudieras? Bah, menuda tontería de pregunta… me contestarías con preguntas, ¿verdad?

Un abrazo lleno de admiración, un poco de inquina y muchísimo cariño,

Silvia.

Posdata: Un día con Marta a solas:

> — ¿Sabes una cosa? Unos compis y yo estamos haciendo un trabajo. Cada uno tenemos que hablar sobre una cosa. Queremos aprender y mejorar. Por ejemplo, saber cómo continuar cuando haces una pregunta y te responden con un "no sé".
> — Ah, yo pensaba que un libro te dice lo que tienes que decir y ya está.
> — (Sí, por mis....) Sí, hay muchos libros, pero cada conversación es única y especial. Es como hacer un traje a medida. ¿Qué consejo me darías cuando tú, por ejemplo, me dices "no sé" cuando te hago una pregunta de esas raras?
> — A ver, es que hay distintos tipos de "no sé".
> — Anda, ¿sí? ¿Qué tipos hay?

1. No sé = Sí sé pero igual esa persona no quiere contestar con su madre delante.
2. No sé = No me apetece pensar.
3. No sé = Sí lo sé pero está cansada de tanto bla bla bla siempre sobre el mismo tema.
4. No sé = No me interesa, prefiero hablar de otras cosas.
5. No sé = "Soy tonta", tengo miedo de quedar mal si no doy una buena respuesta.
6. No sé = Para qué, no tengo ninguna confianza en que sirva de nada mi respuesta.
7. No sé = No sé, de verdad, y ojalá lo supiera.

Marta y yo nos preparamos una lista. Desde ese día, cada vez que dice "no sé", responde: "pero un no sé del tipo 5", o del 2, o del que sea. Por supuesto, esta lista me despertó una mezcla de enfado-ternura tremendo hacia su "Soytonta", y una admiración más tremenda todavía hacia ella. Tonta, dice…

Espera ¿Tonta?
Uy, a quién me recuerda…

Uff, ¿debo contestar a este WhatsApp?

Montse Peña Megía

Nos pasa a muchas... El 47,23% de nuestros móviles tiemblan al recibir determinados mensajes. Sabes cuáles, ¿verdad?

ALGUNOS
MESES ANTES

EL PRESENTE
RIIING
RIIING

Contestar o no contestar, esa es la cuestión… Al menos eso me pregunto yo cuando me llega el WhatsApp de alguna clienta y, no para pedir cita precisamente…

¿Se te ocurre mirar el móvil de trabajo durante el fin de semana?

O peor aún…

¿Estás iniciando tu proyecto como terapeuta y te aferras a la maravillosa idea de no contratar una línea telefónica independiente? Y no lo consideras prioritario porque total, apenas tienes clientela.

Pero sí, lo es.

En los inicios -¿recuerdas?-, la mera idea de añadir un gasto más a tu exigua cuenta corriente te parece poco menos que temerario. Además, cuentas con esa parte de ilusión extra que te hace ver muy lejanos y pequeñitos, los contra-tiempos que pueden acontecer cuando utilizas tu número de teléfono personal en el ámbito laboral.

En ese momento, tu idea principal es la de nutrir a esa nueva criaturita que acaba de salir a la luz, que quieres ver crecer y en la que tienes puestas tantas, tantas expectativas, que eclipsa una parte de tu sentido común y no te deja mirar más allá.

Sí, sí, es en ese momento cuando decides poner tu número personal en las tarjetas de visita, web, folletos, Instagram, Facebook….y todo lo que se te pasa por la cabeza.

Durante los primeros contactos de las potenciales clientes, comienzas a debatirte entre la alegría que provoca que te empiecen a conocer y te llamen, y la preocupación porque tal vez te han pillado justo cuando te lo estás pasando en grande en una terracita con las amistades. Quizás temes que te escuchen en medio de la calle, o justo cuando tu pareja está en plena batalla con tus hijas/os y… ¡qué va a pensar siendo tú una terapeuta familiar!

Poco a poco, empiezas a generar estrategias respecto al tema y, ya no coges el móvil por la calle si no sabes de quién es el número nuevo que te está llamando. Por fin, comienzas a controlar los horarios con las llamadas, pero entonces…

Llegan los WhatsApp!

Estás de fin de semana, o es la hora de la comida, o acabas de salir de una sesión horrorosa. O mejor aún, cuando has finalizado una sesión de esas que dices: jolines, lo he bordao… qué sesión más chula ha salido….

Pero resulta que miras el móvil y… ¡Tachán! … te encuentras una notificación de WhatsApp explicando toda una situación rocambolesca de la manera más visceral y emotiva. Puedes palpar toda la angustia de la comunicación y notarla colocándose cual mochila en tu espalda. Hala, ya está, ya tienes otra vez la pelota en tu tejado.
Tic-tac, tic-tac, ¿le contestas? ¿No le contestas? Y si le contestas… ¿Qué le contestas?

¿Le envías una respuesta cordial informando de que hablareis del tema en la siguiente sesión e ignoras el estado emocional que transmitían sus palabras?

Especialmente si hay hijos/as, te tienta la necesidad de incluir alguna orientación en la contestación. Algo milagroso que no sea muy largo pero sí conciso, claro y que aporte paz y tranquilidad a ese espíritu angustiado, ¡Ay, cómo te gustaría tener esa varita mágica que tanto ansía la persona cliente!

En ese momento te das cuenta de cómo tu locuacidad en el despacho, se ha esfumado, evaporado, volatilizado, desintegrado y desaparecido por completo cuando debes responder en un comentario de WhatsApp. El texto ha de constar de muchas cualidades, además de sintético, sencillo, tranquilizador y directo, ha de gozar de un estilo profesional impecable. Vas a dejar tus palabras por escrito y... ¡oh no, siempre estarán allí en el chat de WhatsApp con tu clienta!

Las notificaciones recibidas pueden ser muy variadas y cada una de ellas puede albergar sorpresas diferentes, al igual que esos huevos de chocolate que, al abrirlos, llevan en su interior una cajita y no sabes si te tocará el juguete desmontable o la colección de figuras de la temporada.

Recuerdo uno de esos mensajes sorpresa, al poco tiempo de comenzar como terapeuta:

> — Hola Montse, ¿qué tal? Me gustaría que vieras a mi hija Maite un día. No para de decirme que quiere irse a su otra casa y a su cole antiguo, hasta que hoy me ha dicho que se quiere morir.-

La información me pilla por sorpresa entrando en una sesión, ¡cómo se me ocurre mirar el móvil antes de empezar!

La respuesta es fácil, deformación profesional de madre. Siempre acabas estando pendiente por si hay alguna urgencia de última hora que debas resolver.

— Hola Manuel…- borras.

— Buenos días Sr. Manuel… ¿anteriormente, ha pasado alguna vez más? ¿Puede explicar en qué contexto Maite ha hecho esta manifestación? ¿Qué ha pasado estos últimos días? ¿Qué respuesta le ha dado? ¿Dónde y con quién se encuentra ahora mismo Maite?…- se me atropellan todas las preguntas y tengo muchas más por hacer.

Vale, que no cunda el pánico, no envíes nada, sólo dile que lo llamas en cuanto acabes las sesiones que tienes durante la mañana. Esto no es un tema para hablar en un chat y menos en 3 minutos.

— Buenos días Sr. Manuel, si le va bien, en cuanto finalice las sesiones le llamo y me explica. - Ya está, cuando acabes lo llamas y valoras la urgencia de la situación.

Finalizo las sesiones de esa mañana, me preparo mentalmente para la llamada y mando un WhatsApp de cortesía.

— Hola Sr. Manuel, ¿le va bien que le llame en estos momentos?…- Silencio, silencio…Me siento como el anuncio de Fujitsu. A la vista de no respuesta, cinco minutos después decido llamar y no dar más rodeos. Un tono de llamada…4 tonos de llamada, finalizan los tonos de llamada y nada, no hay contestación. Esperaré sin insistir, no vaya a ser que no pueda hablar en estos momentos.

Una hora más tarde y cuando estoy haciendo el descanso de la comida, por lo visto llega un aviso que - como no podía ser de otro modo-, ni me doy cuenta, ni lo veo, ni lo leo…

— Sí- Han pasado 2h 30min después de mi "Hola Sr. Manuel, ¿le va bien que le llame en estos momentos?…" y de la llamada posterior.

Decido esta vez llamar directamente y ahorrarnos las esperas a las respuestas. Así al menos, podré hacer un mínimo de valoración de cómo está la situación… Sigue sin responder…

Al momento recibo otro mensaje.

– Mejor mañana, Maite está mejor ¡¡¡gracias!!!

Y yo me quedo con la misma cara que tiene aquel emoticono con los ojos como platos…

No me lo puedo creer, ¿cómo que ya mañana? ¿¿¿Cómo que está mejor?????? Ella, si….

Pero ¡YO NOOO!

Sé lo que estás pensando, pero no sufras, la cosa no fue a más.

Luego tenemos la otra variedad de avisos de WhatsApp:

Los mensajes de voz

Es el mismo proceso pero esta vez no tienes ni idea de cuál es la información hasta que no terminas de escucharlo. Con un poco de suerte, el audio es corto y te solicita que le recuerdes la hora de la cita y ya. Respondes y ahí se acabó todo pero, ¿y si el mensaje de voz es de tres minutos y medio? O peor aún… ¿y si es de diez?

Encuentro un gran avance que en el diseño de la aplicación hayan introducido la opción de multiplicar por dos la velocidad pero aun así, un audio de diez minutos equivalen a cinco y eso en el caso de que la persona cliente hable claro. Es en ese momento cuando tu locuacidad vía WhatsApp vuelve:

"Buenos días Sr. Vicente, acabo de escuchar su audio, del cual tomo nota para rescatarlo y plantearlo en la siguiente sesión. Comentarle también, como forma de estructurar los pensamientos en estos momentos de angustia, que la opción de plasmarlos por escrito le ayudará a organizarlos también en su cabeza de una manera más clara, aportando algo de orden a estos momentos de tanto caos…".

De paso, yo puedo hacer una lectura en diagonal de lo que explica y no he de tardar 15 minutos para escuchar algo que en 30 segundos podría leer y hacerme una composición de la situación rápidamente, aportando el mismo resultado.

De mal en peor

¿Cuánto tardaste en darte cuenta y quitar los tics azules de confirmación de lectura también en el teléfono profesional? ¿Y el detallito de la hora de tu última conexión?

Que si está viendo que estoy conectada, que si ha visto que lo he leído pero no le he respondido, que si estás tardando mucho para escribir el mensaje…

Buffff parece una nimiedad pero cuidado, ¡da que pensar! Ja, ja.

Llevas un rato escribiendo el texto ideal para responder a la persona cliente y finalmente decides no enviárselo y cambiarlo por un "de acuerdo" y eso por no poner un "ok" porque queda demasiado personal. (Me recuerda a esos memes que se pasan los adolescentes en los que dicen: "Mi madre escribiendo por WhatsApp": y se ve la imagen de escribiendo en la parte superior de la pantalla del móvil para media hora más tarde tener la respuesta "*ok*")

Este tema de la comunicación digital no es cosa menor. Dicho de otra manera: es cosa mayor, como diría aquel.

Y esto me recuerda a un día que una clienta me preguntó por WhatsApp si tenía cinco minutos y yo, inocente de mí, le dije "SI" mientras cogía el coche. Eso se tradujo en 58 minutos de sesión telefónica totalmente gratuita de la que sólo conseguí salir cuando llegué a mi destino. Pero creo que éste ya es un tema de otro capítulo...

Cosas que he ido aprendiendo

Sobre responder o no a un mensaje:

> • No responder inmediatamente. No para hacerte la terapeuta ocupada e interesante, sino porque hoy en día la necesidad de respuestas rápidas nos dificulta hacer un proceso de valoración de los acontecimientos de manera objetiva e impidiendo así una reacción libre de la emotividad del momento. Esto mismo, vale tanto para la persona cliente como para una intervención terapéutica. O sea, que apliquémonos el cuento.

A menos que trabajes en un servicio de urgencias, la consulta podrá esperar a la próxima cita habiendo madurado por el camino.

> • Redirigir las comunicaciones a la sesión de terapia ponen en valor tu tiempo, como terapeuta y como persona:
>
>> - Como terapeuta, porque ésta es tu profesión y a final de mes tendrás que pagar facturas.
>> - Como persona, porque la persona cliente no es una amistad. Dedica tu tiempo fuera del trabajo a estar con la gente que te apetezca estar. ¿Te irías a tomar un café con tu clienta?
>
> • Si aun así decides responder al mensaje (de WhatsApp,) deja claro los puntos anteriores y como profesional, podrás salir más airada de situaciones complicadas.

A modo de conclusión, la línea telefónica independiente del trabajo te permite acotar el tiempo de los horarios de atención a la persona cliente y poder realizar así una saludable separación del ámbito laboral a todos los niveles, incluida la desconexión digital, tan necesaria hoy en día para mantener un equilibrio mental saludable. A estas alturas somos muy conscientes ya de que este tipo de desconexión no sólo es necesaria en el sector infantil y juvenil, también en el profesional ¿verdad?

Por tanto, una línea telefónica únicamente para el trabajo, SÍ. ¡Es primordial!

Consejos vendo que para mí no tengo...

Blanca Pérez Molina

Deja de fustigarte: el 53,98% de las demás tampoco nos aplicamos el cuento.

Impostora
calma
paciencia
calma
paciencia
calma
mercado
con
Consejos

Cuando tengo que abordar una tarea y me siento perdida a la La hora de comenzar, me sirve muchas veces -para hacerla más "masticable"-, empezar por definir y concretar en qué consiste mi labor. Pues bien, siguiendo esta metodología "exitosa" de trabajo, si buscas en el diccionario de la Real Academia de la Lengua (no se me ocurre qué mejor fuente), encontrarás la siguiente definición de la palabra consejo: *"Parecer o dictamen que se da o toma para hacer o no hacer algo"*.

No sé a ti, pero a mí, tras leer lo que se entiende formalmente por consejo, lo primero que me viene a la cabeza es: pues apañada voy; lejos de simplificar el trabajo, me genera muchas más dudas y zozobras. ¿Por qué? La palabra consejo, según la definición formal, equivaldría tanto a una opinión como a un dictamen, y este último, me evoca más un veredicto, o un "juicio técnico" es decir, el diccionario usa la misma palabra para conceptos distintos.

Pero es que además, la descripción del término incluye que "es tenido en cuenta, o dado sin que se pida, tanto para hacer como para no hacer": Así las cosas, y después de tomar conciencia sobre todo lo que puede implicar y/o significar el consejo, entiendo más que como profesional, te enredes y embrolles con el asunto.

Objetivo: cambio

¿Pero qué te pasa a ti, terapeuta, en sesión con este tema? ¿Cómo manejas la misión y tarea de dar consejos? ¿Qué te ocurre a ti misma cuando te descubres aconsejando a tus clientes o consultantes?

La psicoterapia debe ser entendida como un "tratamiento" de colaboración, cuyo elemento fundamental y "curativo", es la relación que se establece entre el terapeuta y el paciente, y que tiene como objetivo el cambio (o la mejoría).

La palabra sigue siendo la herramienta más potente que tienes a tu disposición para enfrentar tan ardua tarea. Esta misma mañana, una paciente en la consulta me ha dicho: "así que tú eres una escuchadora profesional"; y algo de razón tiene, aunque me hubiera gustado señalar que la escucha debería ser el medio, pero no tanto el fin a alcanzar.

Y creo que es muy importante también resaltar el concepto de cambio, que te pares un poquito a reflexionar sobre él, y cómo muchos de los fracasos terapéuticos que percibes - y sufres -, tienen que ver con una mala definición y enfoque del cambio. ¿Realmente el paciente tiene suficientes razones para cambiar? ¿Por qué las personas hacen entonces lo que hacen si no les va bien así?

Recuerdo cuando comencé mi formación en terapia familiar hace ya algunos años, y como mi idea preconcebida de que las terapeutas debían tener una vida perfecta y maravillosa (ya que sabían tanto y tan bien acerca de cómo hacer), se vio prontamente frustrada. Sí, amiga mía, bienvenida al mundo real, me dije; donde las terapeutas, a la par que profesionales, son personas "normales", de carne y hueso, tan imperfectas como el resto de la humanidad.

Y que de existir alguna diferencia, me atrevo a decir que simplemente los que nos dedicamos a esto tenemos más conciencia de nuestras propias cagadas y contradicciones pero que eso, no necesariamente va asociado a saberlo gestionar de manera exitosa; ojalá el conocimiento teórico se convirtiera de manera inmediata y cuasi mágica, en la práctica perfecta de dicho saber.

No somos un ente aislado

En esta línea de pensamiento, me viene a la memoria el escándalo que me provocó en las primeras sesiones de formación, saber que mi flamante profesor estaba separado, y mantenía una relación de abierto conflicto con su ex mujer; y es que ya lo dice el refrán: "en casa del herrero, cuchara de palo", o lo que es lo mismo: "faltar alguna cosa en el lugar donde debería ser fácil tenerla".

Y es que ¿quién te dijo que debías ser ejemplo de nada? Pues creo que esa es una de las ideas erróneas que motivan el que te sientas como "impostora" en consulta, cuando te descubres dando prescripciones (que al final mucho tienen de consejo), que ni de lejos cumples en tu vida personal. Y cómo esa creencia absurda de tener que ser adalid de la perfección, te provoca el sentimiento compartido, por muchas de nosotras, de ser un fraude. Además, en tanto que terapeuta, no eres un ente aislado e independiente, sino que formas parte de un sistema familiar desde el momento de tu nacimiento, y que muy habitualmente dista mucho de ser el deseable; o la tan ansiada fuente de contención y bienestar emocional. En palabras de una colega: "nos creemos importantes hasta que llegamos a casa".
Sí querida lectora, quizás como tú, muchas de nosotras venimos al mundo de la terapia desde el otro lado; y no es raro encontrar historias familiares difíciles y duras detrás de muchos de los más afamados profesionales.

Al escribir esto, inevitablemente me acuerdo de la llamada "ruta de los orígenes", que es el trabajo sobre la historia personal y familiar, que se incluye dentro de la formación obligatoria para acceder al título de terapeuta familiar, y que yo cursé junto a mis compañeros, durante el tercer año de estudios.

Pues bien, para mí, que creía conocer a esas alturas bastante bien a mis colegas de formación, supuso un antes y un después en la concepción que tenía de ellas; y es que el ser conocedora de los eventos dramáticos o difíciles que habían vivido a lo largo de sus vidas, me permitió por un lado reconciliarme con mi propia historia (ya no era la única que cargaba con "taras"), y por otro, flexibilizar mi visión de lo que debía ser una profesional.

En esta misma línea, no puedo evitar acordarme de cómo una compañera, confesaba que ella misma había pasado gran parte de su infancia visitando un punto de encuentro (y todavía a día de hoy, mantenía una relación "nefasta" con sus padres), mientras se reía al descubrirse a sí misma trabajando con familiares "más normales" que la suya propia.

Esas trampas...

El síndrome del impostor define a individuos que son exitosos de acuerdo a estándares externos, pero que tienen una idea persistente de incompetencia; ¿te suena, verdad?

Pues bien, ese pensamiento erróneo, merma tu verdadera capacidad profesional; pues si como sabemos, la palabra es tu principal herramienta terapéutica, poco convincente podrás resultar si ni siquiera tú crees firmemente en tus palabras. Pero además, te crea mucha angustia, y una especie de miedo difuso a "ser descubierta", es decir, a que los otros (especialmente tus pacientes), descubran a tu "yo verdadero".

¿Qué hacer con esta sensación de "ser un fraude"? Alguna compañera dice gestionarlo intentando ser coherente y consecuente con aquello que dice; es decir, intentado que no entre en contradicción franca con sus propias actuaciones.

No puedo estar más de acuerdo con ella, y es que creo firmemente que el encuentro con los pacientes te brinda una oportunidad maravillosa para chequearte a ti misma, para revisar tus propios patrones disfuncionales, y por qué no, aplicarte un poco de eso que le diriges al otro.

En esta misma dirección, apuntaba otra profesional que muchas veces ella lleva a cabo las indicaciones que realiza en la consulta, y creo que puede ser una buena manera de empatizar con las dificultades del otro; puesto que, sobre el papel, todo aparenta ser mucho más fácil de lo que la realidad nos demuestra.

En mi experiencia personal, si hay una vivencia que ha modificado claramente mi actividad profesional, esa ha sido la maternidad. Sí, sí, ni los montones de cursos, supervisiones, vídeos y demás recursos han influido tan claramente en mi forma de atender y cuidar a las mamás que pasan por mi centro, como lo ha conseguido el convertirme en madre.

Sí, reconozco la impaciencia que me producía el escuchar a madres relatar de manera angustiosa que sus hijos no comían, o no dormían solos en su cama, o no hacían los deberes… y la actitud directiva que solía adoptar mientras les proporcionaba las pautas que debían seguir para resolver las situaciones problema, y la atribución de culpa que generaba con ello.

Sólo tras haber experimentado esos mismos sentimientos de miedo, incomprensión, e incapacidad, he podido adoptar una actitud más abierta, respetuosa y tolerante, y creo que esa experiencia necesariamente ha cambiado mi forma de estar y acompañar desde una posición más humilde, más cercana y más verdadera.

Otra estrategia como herramienta, en las que es probable que te reconozcas, es la de repetir y repetir, quizá en un intento de convencerte a ti misma, de que eso que estás diciendo, tiene sentido y consistencia.

Quizá una de las tareas más constantes y habituales a las que te enfrentas en tu día a día, sea la de luchar contra la culpa; y a lo mejor conviene que te recuerdes como un mantra, que tu misión no es la de dar consejos, aunque se te pidan; o mejor dicho, especialmente si se te ruega encarecidamente.

Y eso ¿por qué? Pues porque en la mayoría de las ocasiones, las personas a las que atiendes ya saben lo que tienen o quieren hacer, mucho más de lo que puedes saber tú (no olvides, que quien más sabe de un sujeto, es el propio individuo).

Y lo que muchas veces motiva la consulta, es el encontrarse en una disyuntiva decisional, donde la opción deseada ya está más o menos clara, pero lo que falta es el autorizarse a uno mismo a tomar dicha decisión.

Claro, eso no te lo dice así el paciente, que "disfraza" su temor bajo la demanda de necesitar una opinión "imparcial". Y aquí es cuando caes en la trampa, querida colega, eclipsada y abducida por el lugar de experta en el que te coloca tu consultante; sí, sí, es una trampa muy peligrosa, primero porque es imposible ser imparcial, en tanto que tus propias ideas y pensamientos están claramente contaminados por tus propias experiencias; y segundo, porque si tu consejo no está en consonancia con lo que el paciente espera escuchar, posiblemente dejará de acudir a tu consulta, o bien entrará en una confrontación más o menos abierta para hacerte desistir de tu indicación.

Finalmente, el gran peligro del consejo, es que como desconoces a priori el efecto final que provocará en la vida del paciente el atender a tu indicación, si la consecuencia generada no es la esperable, te responsabilizará de dicho resultado. Y ello alimentará todavía más tu culpa y tu sentido de impostura, por una parte, y el enfado del consultante, por la otra.

Gestión de las emociones

Pero ahora, bien, ¿cómo puedes gestionar la tan frecuente petición de consejo, y la inquietud que te provoca?, ¿cómo resolver la zozobra que te genera la necesidad de decir algo que sirva? Pues como ya he señalado, muchas veces lo que subyace realmente a la petición de ayuda, no es más que una dificultad o duda en la toma de decisiones, y como terapeuta, puedes servir de ayuda, y de manera más eficaz, si adoptas el papel de "facilitadora" de dicha decisión. ¿Y cómo puedes hacer esto? quizá posibilitando el que el paciente tome conciencia de las consecuencias esperables de las distintas posibilidades de acción, y así tener más información con la que decidir "mejor".

Y pongo este término entre comillas, porque en la mayoría de ocasiones, en el repertorio de posibilidades de acción, no se encuentra necesariamente lo perfecto, lo ideal o lo verdadero, sino aquello cuyo "precio" estés más dispuesto a pagar, y que en mi experiencia profesional, oscila entre lo que quieres tú, y lo que espera tu entorno de ti.

¿Y esta misión de facilitadora te resta valor como profesional? No, en absoluto, y conviene recordarte y validarte frecuentemente esta misión de "consejera de la vida", como bien me sugirió una colega.

Otra manera muy ingeniosa de encarar la tarea del consejo, es metacomunicar lo que te está sucediendo. Sí, muchas veces te puede costar como profesional expresar tus propios temores o miedos (una vez más creo que influenciada por la idea equivocada de parecer menos experta, o poco convincente).

Pues bien, una vez más, la experiencia me ha demostrado que si en el encuentro con el otro conseguimos transmitir de manera honesta nuestra emoción, lejos de alejarlo, se sentirá comprendido en su experiencia y autorizado para comunicarse a su vez.

En esa idea, también puede ayudarte a salir del atolladero e indagar sobre la petición en sí. También elaborar preguntas como: "¿por qué es tan importante para ti?" o "¿qué te gustaría que te dijera?" pueden darte pistas e información muy relevante para orientarte en el proceso terapéutico. Y finalmente, otra herramienta útil y accesible en tu quehacer diario, es el juego de roles, donde puedes invitar al paciente a ocupar tu posición, y actuar como expertos sobre sí mismo.

Un enemigo habitual en tu quehacer es la gestión del tiempo. ¿Te suena? Muchas veces tus consejos van orientados a gestionar desde la calma y a huir de la prisa, mientras en tu consulta te impele muchas veces el tener que cumplir el horario. Así, por ejemplo, a mí me pasa muy frecuentemente cuando acompaño a las madres en el manejo de las rabietas.

Seguro que tú conoces perfectamente la teoría, y la importancia de aguantar el tirón y servir de sostén emocional, sin urgencia, y con paciencia, acompasándonos al ritmo del niño. ¿Cuántas veces no he predicado con el ejemplo? y he invitado a los padres y madres a salir de consulta cuando se avecinaba la "tormenta", ante el intenso temor de no disponer del tiempo necesario para acompañar uno de estos episodios (y complicarme el resto de la mañana, dicho sea de paso).

Gestión del conflicto

¿Cuáles son tus fuentes de conflicto a la hora de aconsejar? ¿A qué sesgos debes prestar especial atención? Uno de los más compartidos por las compañeras con las que he consultado, es el tema del género. Y es que, no nos engañemos, la condición de mujer (en mi caso) no me abandona cuando entro por la puerta de mi despacho, y claro que modifica mi manera de ver y escuchar al otro.

Parece lógico que no puedes renunciar o prescindir de tu condición, así que más te vale tomar conciencia de ello para ser lo más honesta posible en el ejercicio de tu profesión.

En mi caso, dispongo de compañeros varones en el centro donde trabajo, así que intentamos gestionar el tema del género teniendo en cuenta el beneficio del paciente; por ejemplo, recuerdo una ocasión en la que le pedí a uno de ellos que se hiciera cargo de un caso inicialmente asignado a mí; se trataba de un varón denunciado por violencia de género, cuyo motivo de consulta era cómo conseguir que su mujer no lo hiciera enfadar tanto, para no tener que usar la violencia física, de la que, si bien se avergonzaba, no parecía sentirse tan responsable.

También la edad puede ser un enemigo a tener en cuenta, al que debes prestar atención para no desautorizarte; y no alimentar el fantasma de "joven e inexperta", quizá reformulando hacia "joven pero sobradamente preparada".

A modo de anécdota, me vienen a la mente mis primeras guardias en el hospital, durante la formación para convertirme en psiquiatra, y cómo me molestaba profundamente ser la "nena", frente al adjunto que era "Don Carlos". Sí, es cierto, la experiencia es un grado, pero no el único, ni el motivo principal que te legitima a ejercer, miserable terapeuta.

Igualmente, tu aspecto físico o tus hábitos de vida pueden generarte conflictos, y alimentar a la impostora que llevas dentro; por ejemplo, a mí me sucede mucho cuando hago recomendaciones (o doy consejos) sobre la práctica de ejercicio físico, y el sinfín de bondades descritas sobre la salud física y mental de las personas, y me descubro a mí misma apuntándome al gimnasio todos los años como propósito de año nuevo, para desapuntarme apenas unas semanas después.

El ciclo vital

De extrema importancia es tomar conciencia del momento vital en el que te encuentres, puesto que bien utilizado, te puede ayudar a ponerte en el lugar de las vivencias del paciente más fácilmente. Si no eres tan consciente, te puede llevar a alianzas no deseadas, o a reproducir patrones disfuncionales, o incluso a entrar en escalada simétrica.

Así, una compañera afirmaba honestamente: "estar cerca de mi familia es una variable de peligrosidad, y si no estoy atenta me llevo el filtro".

Una etapa especialmente difícil del ciclo vital, y que motiva muchas de las demandas de ayuda por parte de los padres, es la adolescencia. Este período supone una definición de la identidad, y en ese proceso, de autonomía e individuación pueden surgir dificultades, y si has tenido una de esas adolescencias complicadas, puede surgirte el pensamiento de: tú has hecho exactamente lo mismo, o peor, y coaliarte con el adolescente. O bien todo lo contrario (al recordar lo mal que se lo hiciste pasar a tus padres).

Otra situación que te puede poner en un brete, es cuando trabajas con parejas en conflicto, y así comentábamos las colegas, la resonancia que nos produce abordar situaciones como la infidelidad; o cuando una de las partes de la diada se dedica a criticar reiteradamente al otro, reproduciendo de manera más o menos cercana lo que te ocurre con tu propia pareja.

En este sentido, nos echamos unas risas, cuando una compañera, de manera muy honesta y sincera, me contaba cómo se sintió escuchando a una mujer despotricar contra su marido: "decía estar hasta las narices, y claro, con lo que contaba... hasta que vi plasmadas muchas de mis características, y me sentí totalmente horrorizada"; bueno, quizá esa sensación de malestar intenso, puede ser aprovechada para mirarte desde fuera, con otra mirada, y utilizarla como oportunidad de cambio y mejora en la relación, tanto dentro como fuera de la consulta.

Querida compañera miserable, no eres perfecta, ni falta que hace. Pero puedes ser útil y mejor, desde tu imperfección: ¡¡sí, se puede!! Ya sé que tu trabajo no es dar consejos, pero tengo claro que sólo si te permites mirarte sin escandalizarte; si pierdes el miedo a compartir tus cagadas (y no solamente tus casos exitosos); si tomas nota de tus propios errores y dificultades para gestionar los envites y demandas de los otros; y sobre todo, si aceptas tu sensación de fraude como recurso y no como enemigo, conseguirás disfrutar de este trabajo tan apasionante que hemos elegido.

Honestidad, humildad y verdad, miserable colega.

Más me vale arreglar la alianza con A, hoy se me ha notado demasiado que estaba de parte de B

Lola Ramos Sánchez

Aunque aliarnos puede formar parte de la estrategia terapéutica, un 44,16% reconocemos que hemos descuidado a algún miembro del sistema.

Los de Milán
Construccionismo
movimientos Feministas
La 2ª Cibernética
multiparcialidad
constructivismo social
NEUTRALIDAD
Es imposible no comunicar
Etiquetas nos prepara mi la lista

Querido/a colega, si echas un primer vistazo a este capítulo, verás que está dividido en sesiones. Pensarás que es el caso exitoso de una familia que acude a terapia. Pues no, en realidad, esta familia sólo es el contexto para contarte la historia de la terapeuta, o sea yo, y su evolución a lo largo de las sesiones en relación al concepto de **neutralidad.**

Sesión nos conocemos

Viene toda la familia a la consulta, la pareja y las tres hijas en edad universitaria. En apariencia son una familia funcional, cuesta trabajo pensar que necesitan terapia. Lo único discordante es la cara mohína que trae Hija 2, la paciente señalada. Me cuentan que tiene continuos enfrentamientos con su madre, que están convirtiendo la convivencia familiar en un infierno. Se consideran una familia corriente y no entienden dónde está el problema de la hija.

A lo largo de la sesión se van viendo las demandas de la madre, que exige un orden impecable en la casa y que se le comuniquen las entradas y salidas de las chicas, aunque sea para comprar el pan.

La hija por su parte, protesta porque no entiende que su madre monte una bronca porque no ha dejado los zapatos alineados. Piensa que quiere controlar todo y que ella ya es mayorcita. La mayor se pone de parte de la madre diciendo que tampoco le cuesta tanto...

Cuando acaba la sesión- y no me siento muy orgullosa de esto-, ya he puesto etiquetas a los cinco miembros de la familia:

Madre: Mrs. Proper

Padre: no sabe, no contesta

Hija 1: Mrs. Proper versión mini

Hija 2: la rebelde, la del sambenito

Hija 3: la lista, hace lo que quiere, pero sin que se note, porque ha aprendido en cabeza ajena.

Y no, no me siento orgullosa de etiquetar.

Me propongo ir a la siguiente sesión con la mente abierta, sin prejuicios.

Sesión nos conocemos un poco mejor

No lo puedo evitar, la madre me saca de quicio y creo que en alguna ocasión se me ha notado que me alío con la hija rebelde.

Creo que la característica de la madre que me resuena es la de controladora.

A estas alturas de la sesión, los ánimos del primer día van cambiando, se dicen una a la otra lo que piensan, e Hija 2 está francamente enfadada. Voy viendo además la coalición entre la Madre e Hija 1.

El Padre intenta conciliar, la Hija 3 sólo interviene cuando se le pregunta directamente. Lo dicho, la más lista.

Yo, por mi parte, intento poner cara de póker, pero Watzlawick - mi amor platónico, siempre a mi lado-, me susurra en la oreja:

Es imposible no comunicar

¡Ay, fijo que se me nota mucho!

Sesión comiéndome el coco

La familia sigue un poco en su línea, aunque hemos intentado llegar a algunos acuerdos mínimos para mejorar el clima de convivencia, mientras pienso por dónde tirar.

Y yo sigo obsesionada con el concepto de neutralidad, hasta tengo pesadillas.

Sesión de consulta al consejo de sabios

Como soy muy ordenada y disciplinada (¿soy también una Mrs. Proper?) Decido recurrir al consejo de sabios para preguntarles por el concepto neutralidad. Así, me dispongo a hacer un viaje en el tiempo e ir indagando en la neutralidad desde su origen:

- Ya se hablaba de ello en el psicoanálisis
- En los 70 el terapeuta se colocaba en un metanivel con respecto a los pacientes. El concepto de neutralidad en los años '70 era concebido desde la perspectiva de la cibernética de primer orden, la cual suponía la separación entre observador y observado, por lo que sería posible para el terapeuta posicionarse en un lugar "meta" respecto de los consultantes y desde este lugar, pretender y cuidar su imparcialidad en el contacto con ellos.
- 2ª cibernética: terapeuta y pacientes son un sistema, no se pueden separar.
- Constructivismo y construccionismo social. El terapeuta y el consultante son parte constitutiva y constituyente de un nuevo sistema relacional, el sistema terapéutico.
- Críticas por parte de movimientos feministas que veían como un peligro el que esa neutralidad pudiera validar ciertas conductas.

• En 1987 Cecchin revisa la neutralidad y propone el concepto de curiosidad.

• En 1988 Hoffman introduce el concepto de multiparcialidad.

• Boscolo y Bertrando proponen una tendencia a la neutralidad como un ideal.

Lo que saco en claro es que, de las tres directrices de Milán (hipotetización, neutralidad y circularidad), la neutralidad es la que más se ha criticado y revisado en estas últimas décadas.

"¿Ves como no es tan fácil como lo pintan?"

Sesión de emociones disparadas

Hoy la madre ha llorado mucho. La he confrontado un poco y, aunque ha sido de forma muy suave, creo que no estoy estableciendo una buena alianza con todos los miembros de la familia.

Me cuenta Hija 2 que su Madre, ante cualquier conflicto pequeño, se va a su cuarto a llorar y acuden el Padre y la Hija 1 a consolarla, como si fuera una adolescente. En palabras de Hija 2 "parece una niña chica"

Después de las sesiones me rompo la cabeza pensando en mi actitud y en la repercusión que puede tener esta alianza tan poco profesional para obtener una terapia exitosa. Me siento muy avergonzada, aunque diga mi abuela que la vergüenza era verde y se la comió una vaca.

A estas alturas ya he tenido que realizar un trabajo de mirada interna sobre por qué me molesta la gente controladora..., pero esto no os lo voy a contar[8].

---

[8]Rasgamiento de vestiduras aparte… La miseria "determinados perfiles me producen sarpullido" ha sido la más apoyada por la comunidad! Nada más y nada menos que por un 66,86% de tus compañeras.

En una supervisión informal con una colega le cuento el caso y me responde que debería darle un poco de cariño a la madre: "Has puesto a Hija 2 en contexto, entiendes por qué se comporta así y te genera simpatía, incluso te alías con ella sin quererlo. ¿Qué tal si también pones a la Madre en su contexto?"

Sesión de apoyo a la madre

En esta sesión me centro en la Madre: mayor de una familia numerosa, siempre se ha ocupado de sus hermanos menores porque su madre estaba deprimida con frecuencia. Ha trabajado muy duro para sacar sus estudios a la vez, por lo que nunca ha sido una adolescente. Ahora ve que sus hijas están viviendo lo que ella no tuvo y no puede evitar los celos por la etapa del ciclo vital en la que se encuentran: las chicas pronto se irán de casa.

Ahora sí creo que estoy trabajando con la familia, borro lo de Mrs, Proper

Sesión descubriendo al padre

Resulta que el padre sí está muy presente en la familia. De hecho es una figura fundamental para sus hijas, pero la lealtad que tiene hacia su mujer le lleva a colocarse a su lado aunque no siempre esté de acuerdo. Borro lo de "no sabe no contesta".

Sesión pareja

He pensado que sería bueno que la pareja se reencontrara en esta etapa, así que decido citarles a los dos. Con las hijas ya mayores, ahora están ellos dos y tienen que disfrutar juntos, eso sí, como dos adultos. No se lo digo así tal cual, lo voy reflejando durante la sesión y creo que les cala y les ilusiona el reencontrarse, algo que echaban de menos.

Sesión para reconstruir la fratría

También me ha parecido bueno reunir en esta sesión a las tres hermanas, para reconstruir el vínculo entre ellas y colocar en su sitio a Hija 1, que es Hija 1 y no madre de su Madre ni de Hija 2.

Esta sesión ha sido una de las más bonitas que he vivido, daba gusto ver a las tres juntas, al mismo nivel, como hijas y hermanas.

He conectado con Hija 1 al ponerla en su contexto y ser consciente de por qué ha asumido el papel de madre: si la madre actúa como una adolescente en este momento, la hija adolescente responsable ocupa el sitio.
Borro lo de Mrs. PROPER MINI.

Hemos hablado de todo, creo que he hecho una intervención consciente y preparada, pero el hecho de citar a los padres por un lado y a ellas por otro, ya dice algo. Las chicas no son tontas y creo que lo han captado.

Sesión teytantos

La familia bien, gracias

Yo cada día más cómoda

Sesión taytantos

La familia muy bien, gracias

Al final, muy contenta. Y yo pensando en mi arrogancia al etiquetar a una familia en la primera sesión...

Sesión taytodo

¡Todos a casa!

Siento que me aplasta el peso de la responsabilidad después de varias sesiones sin avances

Manuela Prehn Junquera

65,63% de espaldas pidiendo a gritos un poquito de clemencia. ¡Medalla miserable de plata para el peso de la responsabilidad!

Pues yo creo que no estamos avanzando, ¿Tú qué piensas?
esto no nos está sirviendo

Terapeuta perdiendo por un momento ese estado sagrado de escucha activa y concentración en lo que le está narrando la familia y diciéndose para sí:

Madre mía, creo que esta va a ser la última vez que vienen... es que no veo que avancen nada... En cuanto parece que ya se ha deshecho la coalición madre-hijo contra el padre, ¡ahí vamos otra vez! La señora sigue haciéndose la víctima y la cosa es que el niño está igual de rebelde (y cómo no estarlo, pobre, así de triangulado) Lo peor es que yo ya no sé qué más hacer... lo he intentado todo y, nada, que no hay forma...

¿Cómo me van a decir que ya no quieren volver? ¿Que esto no les sirve? ¿Me lo dirán directamente? O quizá van a pedir cita para la próxima semana pero no van a aparecer... tengo que ir pensando qué responderles cuando me digan que no van a regresar... si es que ya me lo decían en casa, ¿hija, estás segura de que esto de la terapia familiar se te va a dar bien? Pues igual sus dudas no iban desencaminadas... ya tengo tema para la próxima sesión con mi terapeuta...

Quizá aún esté a tiempo de estudiar otra carrera y dedicarme a otra cosa... La jardinería siempre me ha llamado la atención...

Que levante la mano el o la terapeuta a quien no se le haya pasado algo similar por la cabeza como mínimo una vez a lo largo de su ejercicio profesional. ¿Nadie en la sala? Desde luego a mí, sí. Solemos asociar la presencia de avances con el éxito de un proceso terapéutico, y cuando estos no se ven en una o varias sesiones, el peso de la responsabilidad nos aplasta como la Gran Pirámide de Khufu.

Ay… los avances, los avances… esa palabrita que o bien nos provoca un subidón cuando los vemos en nuestros consultantes (o cuando ellos nos dicen que los han tenido), o bien nos sume en el pozo más hondo y negro hasta hacer que nos cuestionemos si servimos para la terapia.

A veces pasa además que terapeuta y usuarios no los perciben de igual manera. No es extraño el caso en que, ante una escena como la descrita al principio de este capítulo, preguntemos a nuestros clientes si les está siendo útil la terapia y, para nuestra sorpresa, no solo nos respondan que sí, sino que se les ilumine la cara al hacerlo (cuando en las sesiones no han dado muchas pistas de que les esté pareciendo provechoso venir).

O como esa familia que dejó abruptamente de acudir después de varias sesiones de aparente atascamiento, de que aquello no se movía ni palante ni patrás, y como buena terapeuta sistémica te pasas la circularidad por el arco de Trajano (variante del Arco del Triunfo, que he conocido gracias a estar escribiendo estas líneas) y elaboras la siguiente explicación causa-efecto de lo acontecido: no han visto avances – han cogido la puerta y se han largado (en momentos de especial bajón, se añade "y creen que soy una pésima terapeuta"). Y tiempo después resulta que, ante tu total incredulidad, te llama una persona a quien esa familia te ha recomendado especialmente, por lo bien que les había ido la terapia contigo.

Un momento… a estas alturas del capítulo me estoy preguntando, ¿soy la única a la que le ha pasado? ¿Me sigue alguien? ¿Será el capítulo menos interesante de todo el libro? ¿Pensará alguna que me estoy fumando algo mientras escribo? Ya estás aquí otra vez, querido Síndrome de la Impostora, ya estabas tardando…

Y después de esta pausa, sigamos…

O el caso contrario: Terapeuta (feliz de ver cómo ha mejorado la comunicación entre los miembros de la familia o que por fin los padres ya están pudiendo poner límites a sus hijos): "¿Qué cambios han visto últimamente en casa?" Silencio sepulcral... Madre: "ehh, mmm, pues... no muchos, la verdad, más bien ninguno". Poker face al canto...

La Real Academia Española (RAE, 2019) define "avance" como la acción de avanzar. Y avanzar como "adelantar, mover o prolongar hacia adelante", o "adelantar, progresar o mejorar en la acción, condición o estado", entre otras. Como definición está muy bien, pero ¿cómo podemos ver esto en la terapia?

Quizá en nuestro campo la definición de avance que hace la RAE para el ámbito de la mecánica tendría más sentido: "en un motor de combustión interna, mecanismo en que salta la chispa en relación con el movimiento del émbolo" (RAE, 2019). Saltar la chispa... hacer un clic, tener una revelación, darse cuenta, tomar conciencia, que se produzca un cambio...

En muchas ocasiones, que tenga lugar alguna de estas acciones promueve que haya avances en el proceso terapéutico. Y con avances en realidad lo que buscamos constatar es que el tratamiento esté resultando eficaz para nuestros clientes.

Llegados a este punto, no podemos evadir la pregunta del millón (que no del milagro): ¿En base a qué funciona la psicoterapia? o ¿Qué hace que se obtengan buenos resultados? Contar con mayor certidumbre sobre este aspecto podría evitar que nos asfixie el pánico de que podamos estar fracasando como terapeutas.

Como mínimo nos podría aportar la sensación de mayor control sobre la eficacia del proceso terapéutico y contribuiría a que fuéramos algo más objetivas (sentirnos responsables hasta cierto punto, pero sin que nos aplaste). Si algo tienen en común los ejemplos que ilustran esta miseria es la sobredosis de subjetividad por parte de la terapeuta para analizar la situación.

Así que, venga, ¿cómo le insuflamos más objetividad a todo esto como si se tratara de una maniobra de rescate boca a boca? Pues viendo lo que dicen sobre el tema quienes lo han estudiado a conciencia. El creciente interés desde hace unos cuarenta años en investigar sobre los resultados de las intervenciones provocó la aparición de los llamados "tratamientos empíricamente validados" y que contemos con datos significativos sobre la eficacia en psicoterapia basados en criterios experimentales (uy, esto se está poniendo serio...)

Vamos, la evidencia científica de toda la vida. ¿Qué conclusiones mayoritarias se extraen de la investigación? De entrada, la imposibilidad de constatar cuál es el elemento específico responsable del cambio, aunque no se pone en duda que la psicoterapia sea eficaz. Servir, sirve.

Por suerte o por desgracia, en psicología lo experimental no funciona de la misma forma que en otras disciplinas científicas; cuestiones como el grupo de control o el placebo no son tan fiables para poder validar el resultado de un tratamiento. Así que vamos dadas… Si las y los expertos no pueden establecer los mecanismos específicos del cambio, ¿quiénes somos nosotras para considerar que si no hay avances merecemos cargar con todo el peso de la responsabilidad?

Como señala Rodríguez Morejón (2019), todavía es necesaria mucha labor de investigación para conocer cómo y por qué se producen los cambios, aunque ya se han demostrado algunos planteamientos; por ejemplo, que diferentes orientaciones terapéuticas consiguen resultados similares, lo que parece indicar que los mecanismos que provocan el cambio son factores comunes a todos los enfoques. Hasta aquí vamos bien; saber más sobre estos factores nos puede iluminar el camino para aplicarnos criterios menos subjetivos.

Un dato que aporta este autor y que me quitó bastante peso de encima: entre un 25% y un 33% de los consultantes no obtiene resultados con la terapia. Así que no te pasa a ti sola, bonita... alguno de todos ellos habrá pasado o pasará por tu consultorio, ¿no crees?

Empieza a haber algo de luz en el pozo y la salida no se ve ya tan inalcanzable... De las variables más estudiadas para intentar explicar el cambio (cliente, terapeuta, método/técnica y relación terapéutica o interacción entre cliente y terapeuta), un gran número de estudios atribuyen el mayor porcentaje de contribución al cambio a factores que tienen que ver con el cliente. ¿Tenemos esto en cuenta cuando nos fustigamos con el mea culpa de la ausencia de avances?

Me pregunto si cuando me abruma la responsabilidad estoy perdiendo de vista que los usuarios no son meros receptores pasivos de la terapia y que juegan el papel principal en el cambio. Eso no significa que como terapeutas estemos exentas de responsabilidad, faltaría más, pero es muy diferente revisar qué tanto estamos motivando para el cambio, generando expectativas de éxito, rescatando las fortalezas de los clientes, etc. que pensar que si la terapia no resulta "el cliente siempre tiene la razón". Al César lo que es del César.

Volviendo a los porcentajes, el porcentaje menor, y mucho menor, recae en el tratamiento en sí (técnica y terapeuta) y se distribuiría de la siguiente manera: entre 6% y 9% la relación terapéutica, entre 5% y 7% el/la terapeuta y un 1% el modelo (Duncan, Miller, Wampold y Hubble, 2010; Rodríguez Morejón, 2019).

Escudero y Friedlander (2019) nos dicen, basándose en su experiencia y en los estudios disponibles, que la alianza terapéutica es un componente claramente ligado al éxito del tratamiento psicoterapéutico. También mencionan la dificultad de encontrar conductas de los profesionales que sean manifiestamente negativas como para dañar la alianza.

Salvo en casos de una conducta irrespetuosa u hostil por nuestra parte, se trataría de aspectos más sutiles, como no validar la vulnerabilidad que presente un cliente, por ejemplo.

Bueno, parece que la linterna ya ilumina el camino de forma más potente: si no se ven avances, en lugar de arrastrarnos por el suelo, podemos hacer algo más productivo y cuestionarnos si estamos cuidando la relación terapéutica en sus dimensiones de enganche, conexión emocional, seguridad dentro del sistema terapéutico y propósito compartido (Escudero y Friedlander, 2019).

¿Cómo voy de empatía con el cliente? ¿Demuestro que le entiendo? ¿Hemos acordado (no impuesto) metas claras? ¿Me abstengo de hacer juicios de valor? ¿Trato de reparar las posibles rupturas de la alianza?

Llegamos al factor "terapeuta". Sí, sí, ahora es tu turno. Pero, ¿a que ya se ve más manejable todo? (Dime que sí, que estoy en pleno subidón). Que esta variable ostente un porcentaje muy inferior a los recursos de los clientes no significa que nuestro papel sea secundario, la habilidad para generar esa interacción sanadora con nuestros consultantes está sobre todo en nuestras manos. Y, no nos engañemos, a unas terapeutas se les da mejor que a otras.

Rescato otra afirmación de Rodríguez Morejón (que conste que no me llevo comisión, leerle a él y a los otros autores que cito verdaderamente me ha ayudado a tener más estructura para plasmar mis ideas sobre esta miseria): no hay mucha información sobre por qué unas tienen mejores resultados que otras y los estudios demuestran que la experiencia del terapeuta no es un factor determinante (¡fuera complejos, colegas!).

Parece que, de nuevo, ser una terapeuta exitosa está estrechamente relacionado con la capacidad para crear una alianza terapéutica sólida, así como saber poner en valor los recursos de los clientes, adaptarnos a sus necesidades y ritmo de trabajo, respetar sus creencias, generar expectativas positivas de cambio, sentirnos cómodo/as con el modelo que aplicamos, entre otras habilidades. Sin olvidar la importancia de seguir formándonos, ampliando y mejorando nuestro repertorio de intervención, y de supervisar casos cuando nos parezca necesario.

Al menos a mí estas ideas ahora me ofrecen un panorama mucho menos miserable y me hacen sentir considerablemente más empoderada para ejercer el sentido de la responsabilidad de forma saludable, en su justa medida.

No como en la formulación inicial de esta miseria, con elevados tintes neuróticos. Me sirven de brújula para saber dónde ir a mirar. Me dan tranquilidad. Me hacen perder el miedo a la evaluación, ya sea por parte del consultante a través de algún instrumento sobre la utilidad de la terapia, ya sea a través de herramientas que yo pueda aplicarme a mí misma.

¿A alguien le queda alguna duda de que la escritura (y ojalá la lectura) de este libro no sea terapéutica?
Para muestra, un botón.

En mi cabeza tenía sentido la devolución, pero al decirla ha sonado absurda

Luis Antonio Merayo Alonso

Cuando nos despedimos y cerramos la puerta, el 48,46% de nosotras nos quedamos con mal sabor de boca al sentir que nuestra devolución no terminó de encajar.

Oráculo

Estaba pensando y dándoles vueltas, al sentido de la devolución, haciendo un recorrido por mis sesiones como terapeuta o de lo que nos puede pasar haciendo el cierre de una terapia, como conclusión. Quizás a ti también te haya pasado: comunicando aspectos que te llaman la atención, pero que luego te suenan como desatinados. Incluso también -desde el punto de vista del paciente-, me dijera: ¿me ha escuchado?, ¡qué está diciendo!, ¡va a su bola!.

Estarás pensando que por qué me cuestiono esto. Y es que con algunos consultantes tengo esa sensación de actuar en automático...así que, ante la duda, pregunté a compañeros/as.

Ocho oráculos[11] contestaron.

El primero dijo: "¡Ay, cuando te he escuchado! ¡Tu miseria la pondría en el cajón de las inseguridades! A mí me suena a titubeo de una intervención inoportuna para concluir la sesión. Que no es creíble, inconveniente, absurda. Porque el tono de voz que has empleado es de telenovela, y más que en vez de abrir un espacio de reflexión, lo cierras. Se vislumbra un matiz de exigencia cuando dices: tendría que haber hecho esto de otro modo y no me va ayudar a construir una nueva historia o una nueva relación. Y expresas que te angustias cuando piensas si debes hacer una interpretación, porque no sabes cómo lo va a tomar el paciente. Jolín, parece que a veces te cuesta soltarte, ¿no? Afortunadamente, tienes más en tus manos de lo que piensas"

El segundo, contestó que mi miseria "le hace pensar en esos últimos minutos de entrevista en los que dar un buen cierre,

[11]Mi agradecimiento a las aportaciones de Silvia Peral, Manuela Prehn, Miguel Garrido, Consolación Corpas, Eva Gasard, Daniel

destacar fortalezas al margen del problema y demás"; "… hay veces que veo que está llegando el final, y no sé qué puñetas decir; en otras ocasiones, lo tengo muy pensado pero sale una birria y empiezo a trabarme y entrar en bucle yo sola; otras, que termino soltando frases que para mí son un cliché. Envidio a otros terapeutas que, diciendo muy poco, llegan al alma con su tono de voz, la mirada hipnótica y la elección de las palabras justas. Aforismos con patas jajaja".

Al tercer oráculo le ha recordado "a esas veces en las que haces una devolución esperando que se lleven algo a casa que les sea útil, que les incite a la reflexión, y cuando lo sueltas ves que se quedan igual, como si oyeran llover", no que haya sonado absurda, sino que no ha hecho el efecto esperado, al menos en apariencia…"

El cuarto oráculo, "el de Delfos", dice: "las devoluciones son muy estratégicas. A veces parece que no lo piensas. Se donan para poder favorecer un proceso terapéutico muy cargado de respeto y creatividad. Con una intención, para que se produzca una elaboración. Una devolución es absurda cuando es poco útil o funcional. Por ejemplo, puede serlo cuando vuelcas mucha información, como un listado de cosas sobrecargado, o pasando de una cosa a otra. Una devolución no ha de ser larga, todo lo contrario. Una idea construida que le haga pensar al cliente en un dilema y le empuje a buscar soluciones. Si no le has tocado, igual es excesivo. Una devolución puede ser absurda cuando suena más a una necesidad tuya que a la de tu cliente".

Respondiendo a este último: igual no es el momento adecuado para hacer la devolución. Me angustia no comprender lo que me dice el paciente, su rechazo a la terapia. Admiro a los terapeutas persuasivos, respetuosos y creativos. "Delfos" añade: "Sí, es como si te angustiara, como si no hubieses escuchado a la persona y no hubieses mostrado empatía. La forma en que realizaste la devolución (deprisa, sin que se te entienda, sin asegurarse de que la entienda, utilizando un lenguaje técnico). Sin prestar atención a lo que ha dicho o sentido la familia. En plan sermoneo, mandando consejitos. Sin destacar sus fortalezas. Tú puedes y con tu trabajo personal te permitirás entenderlo.

Un quinto oráculo reflexionaba: "me pregunto qué es absurdo, porque puede ser que para lo que a mí me suena como ilógico, para el paciente puede no serlo. ¿Cómo sabremos que en esa devolución que hemos identificado como absurda, no hay una palabra, una frase, una idea, que cuando la familia empiece a realizar su propia elaboración no le lleve al cambio? También a la exigencia de realizar la devolución perfecta. Tratamos con personas y errar es humano". ¿Te has planteado llevarlo a supervisión?"

Desde aquí me acuerdo de grandes maestros:

> *"Todos los fracasos de la psicoterapia lo son del terapeuta. El paciente nunca falla"* (Whitaker & Ryan, 2001).

> *"La única manera de asegurarse que la técnica terapéutica no mejore y no se cuestione lo que se ha escrito y dicho consiste en ocultar los resultados y evitar cualquier observación sistemática y continúa de los pacientes".* (Haley, 1969)

> *"Quizá te hayas percatado de que has respondido de una forma no deliberada. Aunque al principio es doloroso, este descubrimiento permitirá que adquieras una mayor comprensión de lo que te ocurre. El entendimiento es el primer paso para el cambio. Después de un tiempo, observarás que puedes divertirte"* (Satir, 1999)[12]

Sazo, Luz Cluny, Manuel Soto, Antonia Sanchez, Beatriz Pinto y Silvia Martín
[12] Satir se refiere a los juegos de la comunicación.

El sexto oráculo, añade una lista de cosas negativas que te pueden hacer sentir mal cuando haces una devolución: "Primero que no hayas reflexionado bien, que no hayas escuchado, que la familia se puede sorprender cuando escucha algo que no tiene nada que ver con ellos. Cuando realmente no responde a la línea de trabajo que se lleva y que está fuera de lugar esta reflexión. Hay veces que usar la propia experiencia o autoafirmaciones, responder según la propia necesidad del terapeuta en lugar de la del paciente y un poco que no sea coherente con lo que se está expresando y no tenga nada que ver con la familia. Que no se apoyen en cosas que no han dicho la familia. Creo que es lo más dramático. Que no vaya en la línea del objetivo terapéutico que tenemos. Que no tenga nada que ver lo que le respondemos al paciente con lo que ha ido exponiendo o lo que se ha ido reflexionando conjuntamente".

Nuestro siguiente oráculo, comenta que las cosas que vería absurdas a la hora de hacer una devolución en un tono emocional (tipo tanatorio), es que no vaya acorde con el tono del discurso del paciente. "Cuando el terapeuta se pone a divagar y hace una devolución de una percepción suya personal más que una percepción de cómo el paciente ha contado su propia historia. Que muchas veces los terapeutas meten mucho de sí mismos. También me parece absurdo, cuando se hace una devolución y se pone a teorizar en modo experto pedante. Y también me parece muy absurdo la devolución en supervisión ya sea a nivel terapéutico o a nivel de supervisión el que no te hagan la devolución".

Finalizando las intervenciones, para nuestro último oráculo, "la devolución es otra técnica más. Es decir, tiene la utilidad en el equipo reflexivo de que hay muchas voces. En terapia familiar la considero por esto más necesaria. Una buena devolución puede encaminar a que se fortifique una idea general de todos. Una devolución absurda sería cuando la haces por hacerla o por obligación o porque se tiene que hacer, Entonces devuelves algo que no sirve. O por la exigencia de devolver algo, pierdes otras posibilidades como un silencio o que se corte un proceso de reflexión más personal para que puedan elaborar de forma autónoma en casa (por ejemplo)". A mí me angustia controlarlo todo.

Conclusiones

El trabajo sobre mi miseria, es una reflexión como observador de una técnica de terapia familiar que recoge la opinión de psicoterapeutas sobre el proceso comunicativo de la devolución.

Dentro del campo sistémico, los terapeutas a menudo han sido considerados directamente responsables del resultado de la terapia. Al igual que Whitaker, preferimos considerar al terapeuta como responsable únicamente del proceso terapéutico.

Me ha parecido que en general, costaba hablar de nuestra miseria. Asumir nuestra responsabilidad, quizá por su conexión con la culpa. Resulta más fácil describir las características de una buena devolución que sobre la miseria de la misma. Incluso en mi propia reflexión me costaba hablar de mi miseria, tanto o más que a mis compañeras.

Es un desafío tomar conciencia de responsabilidad en el proceso terapéutico. Es una tarea relevante para todos los terapeutas, aumentando su conciencia de cambio. Lo que han comentado mis compañeras me ayuda, me conforta y me anima a tomar responsabilidad de que los clientes desarrollen sus propias posiciones y actúen en sus vidas.

Si en terapia se garantiza este proceso suficientemente, los clientes tienen la mayor parte de responsabilidad con respecto al resultado, en términos de mayor conciencia de cambio. Ellos son responsables de sus elecciones. Sin embargo, el resultado final de la terapia es incontrolable, tanto por parte de los clientes como de los terapeutas.

Cuando comparo mis impresiones con las de mis compañeras, el resultado no es otro que el de optimismo y esperanza por entender que esta miseria mejorará con mi trabajo personal y supervisión y que, a medida que aumente mi experiencia como terapeuta, mis devoluciones serán más acertadas.

"Porque los pacientes nos ponen en nuestras manos toda su vida: así que es justo que pidan a cambio un trozo de la nuestra" (Manfrida & Albertini, 2017)

¡Qué difícil es acabar las sesiones a tiempo!

Rafi Martínez Lastra

 A un 63,8% nos está costando cerrar las sesiones a tiempo. (Y entre tú y nosotras: Sabemos que nos volverá a pasar.)

¿ Por qué es tan difícil acabar las sesiones a tiempo?
Siempre estamos a tiempo

Estamos a tiempo...
Estoy sentada en la sala de espera de la consulta,
luchando por no quedarme dormida.
El ambientador está programado
para explosionar una alquimia olorosa,
que se supone que me va a transportar al "blue sea".
A la primera dosis, siempre se me vuelven un poco los ojos,
la verdad es que entre la mascarilla
y mis prejuicios por los ambientadores,
no tiene demasiado éxito.
Sin embargo, el intervalo del "push",
el soniquete que cae al vacío como las microgotas,
la vuelta al silencio,
suenan a ordenado ruido blanco.
Miro al diapasón disfrazado y medio sonrío,
Porque tiene sentido,
esto de tener que esperar.
Dar su tiempo al tiempo,
Invita a mis ritmos a equilibrarse,
les da la oportunidad de entenderse,
al menos, acompasarse al microclima de este espacio.
Así que me dejo llevar...
Todo no es ya, todo no es hoy...
Un tres por cuatro sinuoso va avisando
que "entramos en sagrado",
que estamos a salvo,
que siempre,
sea la hora que sea,
si venimos aquí,
llegamos a tiempo...

A vueltas con los tiempos...

TERAPEUTA (T): - Muy buenas tardes, C., ¿en qué te puedo ayudar?

CONSULTANTE (C): - Muy buenas, T., pues me he decidido a venir por un asunto del trabajo que me preocupa mucho. Tengo bastantes problemas en acabar las sesiones a tiempo.

T: - Ajá, terminar las sesiones a tiempo...¿a tiempo de qué?

C:- Pues a tiempo... ¿de qué va a ser? a tiempo de no coger algunos minutos de la siguiente sesión y hacer esperar al siguiente, de no acumular retrasos que hacen que los clientes se quejen de que también llegan tarde después a sus quehaceres, de quedarte sin poder llegar a casa a comer caliente, porque lo único que te comes es el tiempo de los protocolos de desinfección, o el de la hora de preparación de sesiones, o el de...

T: - ¡Vaya! Así que una parte importante de lo que te trae aquí tiene que ver con las consecuencias de no acabar las sesiones a tiempo. Consecuencias que, tal como lo cuentas, son bastantes y variadas y, además, veo que hay para tod@s.?

C:- Exactamente, las que quieras y más.

T: - De acuerdo, para que me haga una mejor idea de la situación, ¿por qué no me cuentas en qué contexto trabajas?

C:- Actualmente compagino las sesiones online con las presenciales en dos consultas diferentes. Una de ellas está orientada a dificultades de aprendizaje, escolares etc. y la otra es una consulta de terapia familiar y de parejas.

T: - ¿Y la consulta online también se relaciona con esos ámbitos?

C:- No, en la consulta online casi siempre es individual y relacionada con problemas de ansiedad, toma de decisiones, un poco de todo, lo que surja…

T: - Vaya…¡Cuánta variedad de situaciones, te voy a llamar terapeuta 3 en 1! ¡Qué capacidad de atender a tod@s!

C:- ¡Qué va! ¡Si justo lo que te digo es lo contrario! ¡Que no llego a nada!

T: - Bueno, espera a ver si lo he entendido… me dices que atiendes casos de al menos 3 ámbitos diferentes (que tendrán sus particularidades), los presenciales en dos escenarios distintos y el online en otro, ¿y me dices que no llegas? Pues parece que vas y vienes a muchos sitios y ves a personas de lo más dispares, mucho viaje semanal…

C:- Bueno, es que eso no me parece nada especial, es mi día a día. Lo que me preocupa no son los viajes, ni que sean diferentes, sino el tiempo que tardo en hacerlos, los retrasos y todo lo que conlleva… me están causando más problemas de los que me gustaría…

T: - De acuerdo, nos ocuparemos del tiempo del trayecto… ¿y da igual el trayecto que sea? Es decir, ¿es algo que pasa en todos los formatos y consultas?

C:- Sí, la verdad es que da igual si es online o presencial. Antes me pasaba menos en las online, pero ya me pasa en todas.

T: - Muy interesante. Más adelante volveremos a esos inicios en las sesiones online. Y para entenderlo mejor, ¿los problemas con el tiempo existen en cualquier tramo del trayecto? ¿O hay alguna parte de las sesiones en las que se haga más presente?

C:- Ahora que me lo dices, no… hay sesiones en las que el problema aparece al principio de las sesiones, otras en el medio y las que más me afectan son aquellas en las que se da en el último tercio de la sesión…

T: - Ajá, ya veo que no es cualquier cosa, y que la situación la tienes más que analizada, lo que va a sernos de gran ayuda… fíjate que llevamos ya un buen rato hablando de ello y ahora que lo mencionas, ¿a qué te refieres exactamente cuando hablas del problema?

C:- A que no tengo control sobre el tiempo en sesión, según sea la situación, hay momentos que se me escapa de las manos, y haga lo que haga, no remonto.

T: - Vaya, y cuando dices que no tienes control, ¿te refieres a que no eres consciente del tiempo que pasa? ¿A lo que pasa durante ese tiempo? ¿Puedes explicarme un poco más?

C:- Un poco de todo eso y todo lo contrario también, a veces soy demasiado consciente del tiempo y de lo que pasa durante él, pero sigue sin ser suficiente…

T:- ¿Suficiente de qué? ¿Tiempo, consciencia, control?

C:- De todo a la vez

T:- ¡Vaya C.! Está claro que no te encuentras satisfecha con lo que sucede en sesión, pero si le preguntara a tus clientes, ¿qué crees que me dirían? Más allá del retraso y de lo que conlleva, ¿crees que no se sienten satisfech@s con lo que les aporta la sesión?

C:- ¿Ell@s? parece que sí, porque vuelven y parece que no se quieren ir, que quieren hablar de más cosas, tener más sesiones, y de aumentar tiempo entre consultas, me traen más casos, y más cosas...

T:- C, parece que tus clientes están a gusto, y quieren más... Pero cómo lo llevas tú, ¿cómo te sientes con respecto a las sesiones si dejas a un lado el reloj y sus manecillas?

C:- Me encanta mi trabajo, me emociona que la gente me confíe sus vidas, me lo tomo con mucha responsabilidad y me encantan los retos, saca lo mejor de mí, De la misma forma, trato de sacar lo mejor de mis habilidades y cono-cimientos para ayudar a mis consultantes, aunque parece que nunca es suficiente...

T:- ¿Para quién no es suficiente? Porque para ti, parece que el hecho de poder trabajar en tu profesión, es bastante importante...

C:- No sé qué decirte... para mí antes lo era, incluso cuando tenía menos clientes, y sabía menos lo que hacía y las consecuencias de hacer mejor o peor el trabajo... entonces pensaba que cuando fuera más experta todo sería más sencillo y parece que cuanto más tiempo trabajo, menos me adapto al tiempo de sesión...

T:- Entiendo, y quizás esa reflexión que tan acertadamente haces, esté más cerca de la clave de toda esta situación... cuanto más me dices, más me parece que tiene que ver con el viaje al completo y las diferencias de etapas, y puede ser que no tanto con lo que tardamos en cada trayecto. Me explico mejor, Me da la impresión de que no importa lo que dure la sesión, nunca te va a parecer suficiente lo que des, aunque tus clientes no sólo no parecen estar de acuerdo, sino que siguen, a pesar de que en los últimos tiempos, venir a sesión les ocasione algunos reajustes temporales... ¿A ver si lo que no es suficiente es el dinero que cobras por sesión? ¿Cobras el tiempo de más?

C:- ¿Cobrarlo? Qué va, es mi responsabilidad que se vayan satisfechos y yo también, con el trabajo bien hecho…

T – De acuerdo, así que si seguimos con el símil de los viajes, el guía no sólo es responsable de hacer su trabajo, sino de hacerlo cada vez mejor y de que los turistas se sientan satisfechos por el viaje. ¿Y dan igual otros factores como el clima, la fecha del año, las características y estados de los turistas, el momento personal del guía… incluso la existencia de pandemias mundiales, y catástrofes naturales o alienígenas varias?

C:- Está claro que para el viaje no, pero no es lo mismo que mi caso… bueno, no es tan fácil…

T – Por supuesto que no. Por eso mismo y por la importancia que tiene para ti, estás aquí y vamos a hacer todo lo posible para analizar todos los elementos que están directa o indirectamente relacionados con los trayectos, de forma que nos ayude a comprender y valorar lo que está sucediendo y lo que no… ¿crees que nuestro trabajo tendrá que ver con cómo mejorar la gestión de los mismos y poder conseguir que vuelvas a disfrutar de alguno incluso?

C:- Sí, es lo que más me gustaría, lo que necesito ahora

T – De acuerdo, pues a por ello iremos. Y para empezar, C, ¿podrías pensar, para la próxima sesión en un trayecto de este viaje profesional en la que el tiempo no es un elemento tan importante?, puede ser uno de esos de los primeros trayectos online, que mencionabas antes. Da un paseo por esos recuerdos para contarme qué elementos, incluyendo el tiempo o no, hacían de ese momento, un viaje satisfactorio…
Muchas gracias C. ha sido un placer este trayecto nuestro de hoy, seguimos la semana que viene…

¿Cuestión de Tiempos...?

"Cuándo te hagas una pregunta que no tiene respuesta, deja de preguntarte". No recuerdo de quién es la frase, pero ha sido una de las máximas de mi vida, de las que más tiempo me ha acompañado. De esas frases que forman parte de lo que piensas y sientes, que se entretejen entre tus valores y con las que puedes sacar factor común a muchas de las explicaciones de las decisiones que tomaste.

¡Ay, las creencias, las sentencias, las ideas que se materializan por fuera y por dentro de nuestras membranas celulares! Cómo nos definen, cómo nos ayudan y nos enredan a la par...

Creo que me agarré a esta frase como uno de mis primeras Soluciones Intentadas Ineficaces en mis problemas de pareja con el Tiempo. Al fin y al cabo, me parecía que la lucha entre las demandas externas de mis consultantes y mis hipótesis internas sobre ellas, suponían un ejemplo de ejercicio de dialéctica que me consumía casi la misma energía que la sesión terapéutica real que estaba sucediendo en la realidad.

Tal parece que redefinir mi propia demanda, en términos más operativos, dirigidos a la acción y que me devuelvan responsabilidad sobre mi propio cambio, era más que adecuado para mi propio dilema.

Pues entonces, vamos a por ello. La pregunta en cuestión es ¿POR QUÉ ES TAN DIFÍCIL ACABAR LAS SESIONES A TIEMPO? Y la verdad, no tengo aún la respuesta, pero no soy capaz de dejar de hacerme la pregunta, así que como buena construccionista, la frase de cabecera ha cambiado.

Cuando te hagas una pregunta que no consigas responder, piensa si estás haciendo la pregunta correcta, cambia la pregunta... si es así y la respuesta no te sirve... igual hay que echarse algo para atrás y encontrar perspectiva... algo se nos escapa... quizás, incluso seamos nosotr@s....

Para quien se haya perdido como yo... Igual no se trata de dar con las mejores respuestas, sino con las mejores preguntas, un poco lo que nos pasa en sesión. Y a eso me ha ayudado este bendito problema de las vueltas del tiempo, a preguntarme más y mejor, para poder preguntar mejor lo imprescindible.

Darte cuenta de que como terapeuta no tienes que tener todas las respuestas, ni siquiera las mejores, ni para ti, ni para tus consultantes, es un descanso y una motivación.

Descubrir buenas preguntas es un reto suficiente, vamos a darle a quienes vienen a consulta el mérito real que tienen sus esfuerzos en el día a día, su afán de mejorar y su confianza en nuestro acompañamiento.

Y seamos honest@s con tod@s los factores intervinientes. Si están de acuerdo en algo los diferentes estudios empíricos sobre los factores que contribuyen al éxito de la intervención, no es tan alto el porcentaje que recae sobre nosotr@s como terapeutas, como responsables del cambio, de la mejora del bienestar de quienes acuden a consulta.

Así que, desde la parcelita que nos corresponde, bien podríamos fijarnos en los parámetros que se corresponden con los diferentes roles, ámbitos de actuación, procesos, recursos, etc. que contribuyen a un mejor ajuste en las sesiones, del tiempo y de lo que no es el tiempo.

Si algo hemos aprendido de la etapa de masterchefs por la que muchas personas hemos pasado durante los inicios de la pandemia, más que el tiempo de la receta, nos debemos fiar de supervisar nuestro horno y conocer sus particularidades. O sea, que tan importante es saber qué preguntar, cómo a quién y cuándo... y además, estaría hasta bien, saber cómo le va al bizcocho por allí dentro del horno, a ver si de tantas buenas preguntas, se me va a pasar de punto, quizás mejor parar de hacerlo y que se termine de hacer con el calorcito que ya tiene por dentro...

Así que no era bastante con aprender antes de dar terapia, sino que, como todo lo importante de la vida, a aprender seguimos aprendiendo en cada cocinado, en cada cursillo de actualización o de aprendizaje de nuevas técnicas. Y luego me extraña no manejar el tiempo... y decidir si esferifico, deconstruyo, guiso o espeto. Las sardinas se me pasan y pierden las vitaminas, como el zumo...

Bueno, bueno...Mejor paro de darle vueltas, que mi terapeuta me dijo que volviera a cocinar para pensar menos y disfrutar más, y ahora parece que estuviera yo ideando un ensayo. A ver, voy a leer algunos chistes del Psicoterapia Today, que me parto de la risa y tengo un ojo en el horno a la vez.

Me pillo dando consejitos

Fran Díaz Quintana

Bienvenida al club: un gran 54,59% confiesa que se les escapan.

Volviendo al tema de los consejos en psicoterapia, y ampliando lo que tan brillantemente ha sido expuesto por Blanca Pérez en un capítulo anterior, parece oportuno hablar de una modalidad concreta a la que tenemos especial aversión los terapeutas: el consejito.

Un terapeuta no es lo suficientemente miserable si no se ha pillado a sí mismo dando consejitos al más puro estilo amigo de 3º ESO. Si aún no has conseguido pillarte… es necesario esforzarse más, porque estoy convencido de que los has dado, aunque tu capa de terapeuta formado y centrado te impida verlo.

¿A qué nos referimos con "consejitos"? Es difícil precisar el término, teniendo en cuenta que en la mayoría de corrientes de psicoterapia, la intervención puede incluir prescripciones, orientaciones, o directamente (por qué no), consejos.

Los consejitos puede que no tengan nada que ver con esto, a priori. Me atrevería a definirlos como aquella pauta de actuación que brindamos, de forma rápida e incluso irreflexiva, más propia de las relaciones de amistad que de un contexto terapéutico. Pueden ser reconocibles por su formulación, que suele adoptar estas variantes:

1. "Lo que debes hacer es…"
2. "Yo te aconsejo que…"
3. "Yo en tu lugar lo que haría es…"
4. (Imperativo breve) + "Eso es lo que tienes que hacer".

Aunque tu mente perversa y miserable puede encontrar mil fórmulas más para colar un consejito con el que sentirte el mejor amigo de nuestro cliente… ¡el que le dice las cosas claras!

¿Por qué es tan tentadora esta práctica? ¿Por qué un terapeuta, de repente, se olvida de todo cuanto aprendió acerca del proceso terapéutico, y se lanza a dar recetas rápidas y "mágicas", cuando sabemos que es lo último que debemos hacer?

Las causas de esta tendencia pueden clasificarse, a efectos explicativos, en cuatro áreas:

1. Características del contexto

El terapeuta no siempre trabaja en las mejores condiciones para desarrollar su trabajo con tranquilidad. Cuando el contexto exprime o comprime el trabajo, bien sea por la concatenación de sesiones, bien por la escasa duración de las mismas, es mucho más fácil caer en el "consejismo" (vocablo de creación propia y nula contrastación científica, pero que describe bien a mi entender esta tendencia).

Por ejemplo, trabajar para ciertas compañías aseguradoras exige el tratamiento de un número insano de pacientes en sesiones de unos 20 minutos, en las que resulta muy complicado aplicar estándares de calidad al trabajo y es más probable que surja el consejito.

También sabemos que en ciertos Servicios Públicos de Salud Mental ocurre algo parecido. Además, el modelo biomédico, con la necesidad de recetar -puesto que es lo que el paciente espera-, pone en la mano del terapeuta una chequera de recetas repetidas en las que los consejos suelen fluir.

2. Características del consultante

Echar una mirada a los tipos de apego adulto nos puede ayudar a identificar riesgos consejistas, ya que estos subtipos influyen decisivamente en las expectativas que tenga el consultante sobre la psicoterapia.

Pensemos por ejemplo en un consultante con apego ansioso. Reclamará, e incluso exigirá, que le aportemos fórmulas concretas de comportamiento para afrontar sus problemas. Si trabajamos desde la Teoría del Apego, sabemos que dar estos consejitos no ayudará en nada a aportar seguridad a esa persona, sino todo lo contrario. Se volverá cada vez más demandante, más reclamante, y se frustrará cuando no reciba el "premio" de la *receta infalible.* Suele producirse esta reclamación cuando se afronta la despedida tras una sesión. Te lo has currado, ha salido una sesión extraordinaria, con buenas líneas de análisis y con validación y gestión de emociones intensas… Y en el cierre, cuando ya estás recogiendo te pregunta el consultante: "bien, entonces, ¿qué es lo que tengo que hacer esta semana?". El terapeuta miserable se pregunta:

> — Si no le digo nada, se frustrará. ¡Mi sesión fantástica se irá a la porra! Además, no es la primera vez que pasa, en otras sesiones he sorteado la pregunta, pero como no le responda algo, igual abandona la terapia…

> — Si le digo algo… seguramente me hará caso. Pero daremos pasos atrás. Y quizás contradiga el trabajo realizado en esta sesión tan fantástica.

3. Características de la relación

Qué difícil a veces controlar los límites de la relación terapéutica, sobre todo en aquellos casos que ya cuentan con un largo recorrido. Ese chico, universitario e inteligente, tan hábil con las palabras y las miradas, con el que te llevas tan bien y sonreís tanto, que te ha abierto sus tripas tantas veces, y que no termina de romper con esa novia, tan tóxica, tan dañina, de la que está perdidamente enamorado y por la que sigue derramando lágrimas de impotencia… Qué tentador decirle como a un amigo: "lo que tienes que hacer es dejarla ya de una vez".

Nos puede salir del alma darle un consejito que en cualquier otro contexto no dudaríamos en brindarle. Pero claro, somos terapeutas relacionales, y esto nos permite aplicar un nivel de análisis diferente. Por eso, antes de lanzarlo, te invito a que te hagas una serie de preguntas o reflexiones:

> — ¿Qué te hace pensar que esa persona necesita de ti un posicionamiento como "amigo"? Cabe la posibilidad de que ya disponga de un ramillete de amigos que hayan dado sus consejos como es debido, y encima sin cobrarle…

> — ¿Estás seguro, absolutamente seguro, de que esa novia es tan tóxica y tan dañina como ha sido descrita en las sesiones? Sabemos que la relación terapéutica, como cualquier otra, es un proceso circular de interacción constante, en el cual se construyen elementos de realidad compartidos, que pueden tener que ver más o menos con realidades objetivas externas a la terapia. Por otra parte, la relación de ese chico con su novia también es un proceso interactivo del que no tenemos demasiada información, aunque creamos que sí. Hay mucho más que

no vemos, porque no participamos de la misma. Dar consejitos de realidades que desconocemos pasa de ser algo atrevido a ser una absoluta imprudencia temeraria…

— Dar un consejo es un camino sin retorno. A partir de darlo, solo hay dos resultados posibles: el paciente te hace caso, o el paciente no te hace caso. ¿En qué lugar quedará vuestra relación terapéutica, o cómo afectará a la misma, tanto una como otra posibilidad?

4. Características del terapeuta

Puede que seas ese tipo de persona que le guste solucionar. En tu vida diaria, te lanzas a la acción en cuanto descubres que hay algún problema o dificultad. Eres lo que podríamos llamar un "anti-rumiante", no soportas dar vueltas y vueltas a los asuntos, la vida nos exige resolver a tanta velocidad que parece un delito pararse a pensar demasiado… Si tu ritmo mental es este, te costará reprimir el impulso de ser consejista con ese paciente que sí necesita darle mil vueltas a la M 30. La impulsividad, las ganas de ayudar a toda costa, la empatía sin filtros que nos traiciona y nos hace vivir como nuestras las emociones del consultante, son características que tampoco ayudan.

Y no podemos dejar de hablar de algo que, aunque nos duele, ocurre en nuestra profesión. La vinculación entre narcisismo y terapia no solo se aplica al consultante, sino también al terapeuta. Es muy tentador para un narcisista convertirse en terapeuta y desde un púlpito privado de la verdad, arengar a las personas a hacer "lo correcto".

A lo largo de mi peregrinaje por esta preciosa profesión, he podido establecer una relación inversamente proporcional entre consejitos y calidad terapéutica. El terapeuta narcisista no necesita de métodos, de enfoques, de técnicas o de co-construcción con el consultante de un modelo operativo. El método, es él. El enfoque, él. No necesita supervisión, ni compartir con un equipo, su delirio puede sostenerse gracias a una profesión de carácter privado en el que el cliente paga, y como me pagan, yo tengo el poder y la razón. Su éxito comercial se basa en la charlatanería o en ciertas habilidades manipuladoras (algo que funciona especialmente bien con personas vulnerables que atraviesan un sufrimiento).

En este sentido, se aplica perfectamente el Efecto Dunning-Kruger a la práctica psicoterapéutica. Esto es, los terapeutas más incompetentes (sobre todo si presentan características narcisistas) tienden a sobreestimar sus habilidades, mientras que los que aprenden y mejoran sus competencias, tienden a dudar de sí mismos. Es esa sensación de que cuanto más aprendes, menos sabes. Quizás este Efecto Dunning-Kruger sea la base que fundamenta la creación de este libro por una comunidad de terapeutas que no renuncia a su formación, tenga la experiencia que tenga.

Vivimos tiempos en los que los gurús de la felicidad se están haciendo de oro. Tanto en la venta de libros, como en redes sociales debidamente monetizadas. Los terapeutas de trincheras nos entristecemos cuando en la sección de Psicología de las librerías encontramos títulos del tipo: "Diez consejos infalibles para que tu adolescente confíe en ti", algo que también encontramos en numerosos podcasts, blogs, o stories. Aconsejar es rentable. Seguir este modelo en tu propia consulta, cuando parece tener tanto éxito monetario, puede resultar tentador.

Sin ninguna duda, la incompetencia narcisista en terapia es generadora de todo tipo de consejitos. Algunos con un potencial de daño irreparable.

¿Qué puedes hacer, oh, terapeuta miserable, si te descubres a ti mismo dando consejitos?

1. Acéptate. No eres perfecto, ni estás llamado a serlo. Como bien decimos a nuestros propios clientes, la aceptación es la base del cambio. El ser humano es incoherente por naturaleza, no se puede luchar contra eso. Fustigarnos por no ser perfectamente coherentes es tan injusto como improductivo.

2. Alégrate. Te has descubierto y una alarma ha saltado dentro de ti, lo que quiere decir que no has perdido la capacidad de autoanálisis, como le ocurre a los terapeutas incompetentes, según el efecto Dunning-Kruger. Es una maravillosa noticia certificar de vez en cuando que mi capacidad de autocrítica tiene buena salud.

3. Ríete. Nada mejor que aplicar, desde la humildad, uno de los elementos más sanadores con los que cuenta la naturaleza humana:
el sentido del humor.

4. Sigue trabajando. Supongo que no limitarás todo el trabajo que estás haciendo con ese consultante a esos consejitos que te has visto dando… Los detalles puntuales no siempre afectan al global de la relación terapéutica, que es en sí la verdadera base de nuestro trabajo. Continúa co-construyendo esa relación, enriquécela, no te detengas porque metiste la pata, hay mucho por hacer, seguro.

Cuando tus consultantes te atribuyen poderes mágicos

María Christiansen
Guanajuato, México

Ojalá fuera cierto, ¿verdad? El 42,32% de nosotras sentimos que nuestros consultantes tienen unas expectativas demasiado altas sobre nuestras posibilidades.

El reloj marca las seis en punto. Es una tarde lluviosa y gélida, parece de noche. La agenda indica que es el turno reservado por Lucía y Ernesto, una pareja que ha solicitado consulta desde una diminuta y retirada ciudad. Se me cruza por la cabeza que probablemente no llegue, ya que la carretera tiene tramos inundados por el temporal de esta última semana. Por lo que he entendido, viven en la localidad serrana de Pinal del Ajusco, a 170 kilómetros de aquí, No sé bien por qué, pero el hecho de que no vengan me trae una sensación de alivio. ¿Será que me incomoda que recorran tantas horas para una consulta de 60 minutos? ¿Será que temo que sus expectativas sean tan grandes como su viaje? Miro el celular para asegurarme de que no hay ninguna llamada perdida o mensaje no leído. Les marco para asegurarme de cancelar la consulta. No contestan, me manda a buzón. Pues bien, probablemente mañana se comuniquen para disculparse y reagendar. Empiezo a prepararme para regresar a casa, y no dejo de agradecer que esta ausencia sea justamente el de la última sesión. Me da tiempo de pasar a hacer unos pagos e incluso de preparar una deliciosa tarta de calabaza para la cena. ¡¡Se antoja una rica comida luego de esta jornada extenuante!! Todo en orden: computadora apagada, persianas bajas, luces revisadas… Activo la alarma y me voy, ¡¡con la misma satisfacción con que salía de la escuela cuando faltaba un profesor y nos íbamos a casa más temprano!!

En el preciso instante en que estoy cerrando con llave, veo estacionarse un auto abordado por una pareja. Tienen que ser ellos. A pesar de la copiosa lluvia, tratan de ver si el número corresponde a la dirección que les indiqué. La primera en bajar del vehículo es Lucía, me saluda muy cordialmente, y parece no importarle que el agua haya estropeado su elaborado peinado. Enseguida saludo a Ernesto, un hombre de complexión grande y voz potente. Ambos están muy sonrientes y complacidos de haber llegado. En ese momento, tengo una amarga sensación conmigo misma, por sentir el contraste entre su entusiasmo por concretar esta sesión y mi entusiasmo por irme. Los dos se disculpan al unísono, y me explican que el tránsito vehicular estaba muy lento por el mal clima. Les ofrezco un café para atemperar el encuentro un poco frío con el cual los recibí.

Luego de unos minutos, ya respiramos una atmósfera más cálida. Lucía y Ernesto son un matrimonio de 40 y 47 años respectivamente. Tienen dos hijas, de 6 y 8 años. Llevan 15 años de casados y ambos trabajan en el restaurante del padre de Lucía (un lugar muy tradicional para el turismo, con comidas regionales típicas). Él se encarga de la atención a los proveedores, y ella lleva la parte contable.

La conversación parece fluir por sus cauces naturales, hasta que llega el momento de exponer el motivo de consulta. Se hace un silencio tenso y las sonrisas se apagan repentinamente. Lucía parece haberse hecho pequeñita. Se cubre la mitad de la cara con la mano derecha, mientras que en la otra mano sostiene un pañuelo (como anticipando un llanto indomable). Ernesto la mira, sostenidamente. Luego respira profundo, y finalmente habla: "Mire doctora, mi familia está destrozada, y yo tengo la culpa". Nuevamente se hace silencio. Ernesto retoma la palabra. "Pasó algo en este último fin de año, justo antes de Navidad". Titubea entre dar detalles o resumir. Luego agrega: "Lucía descubrió que la engañé". Su expresión es dolorida, aprieta las manos nerviosamente. Lucía hace lo mismo, pero con su pañuelo. Enseguida, con voz entrecortada, ella alcanza a decir: "Me traicionó con mi cuñada, ¡la esposa de mi hermano! ¡¡¡Así como lo oye doctora, con mi cuñada, a la que yo quería como una hermana!!!". Luego prosigue: "Ahí empezó el calvario para mí y para toda la familia. Estábamos en la noche haciendo tarea con las niñas, cuando llega mi hermano directamente a agarrar a golpes a Ernesto, gritando como loco que lo iba a matar".

"Yo no entendía nada, se lo juro doctora, de pronto tenía delante de mí a mi hermano (que es "un pan de Dios") actuando como un salvaje. Ernesto se defendía y pedía perdón, y ahí supe que no se trataba de alguna confusión, sino de algo muy grave. Incluso delante de las niñas, mi hermano me gritó en la cara que "su esposa y mi marido llevaban meses revolcándose", que "a los dos nos vieron las caras de idiotas" (bueno, usó otra palabra, que no quiero repetir aquí por respeto a usted), y dijo un montón de otras cosas que sinceramente no recuerdo bien. Eso me frustra todavía más, que yo estaba tan bloqueada que no puedo recordar qué más dijo. Desde esa vez, mi hermano ya no me dirige la palabra. Supongo que es porque sigo con Ernesto. Él, o sea mi hermano, se divorció de su esposa. Fue valiente e hizo lo que había que hacer. Claro que ellos no tienen hijos, por eso se les hizo más fácil separarse. Y yo… bueno, debería haber hecho lo mismo, pero aquí sigo, ardiendo en el infierno".

Ernesto se nota ansioso, se reclina en su asiento y añade: "Es que mire doctora, no es sólo que ella está así, tan deprimida y enojada conmigo, sino que toda su familia se me ha vuelto en contra. Imagínese, yo trabajo con mi suegro y ahora hace meses que no cruzamos palabra. Tampoco mis hijas me aceptan, no quieren que las abrace, no me hablan, me evitan. Yo le he dicho a ella que será mejor que yo me vaya, pero ella no quiere doctora, se aferra a que yo me quede, pero además ya ha intentado quitarse la vida. Eso yo se lo cuento aquí, aunque nadie lo sabe, y lo digo porque usted lo tiene que saber. Aquí hay que decir toda la verdad. Estuvimos de acuerdo en que, si venimos hasta aquí, es porque no nos vamos a guardar nada de nada. ¿Verdad Lucía? Lo que usted diga que hagamos, lo haremos "

Lucía asiente a cada palabra que Ernesto dice. Con voz aún sollozante, toma aire, y agrega: "Doctora, lo que dice Ernesto es cierto, yo no tengo ganas de vivir, mi familia me reclama que yo he perdonado la infidelidad. ¡¡Me da tanta vergüenza con ellos!! Mi padre está muy ofendido, y enfermo.

Esto ha sido un golpe terrible para él, porque mi hermano está muy deprimido también. Ernesto y yo hemos ido a algunos retiros espirituales para matrimonios. Nos han hecho bien, claro. Pero, como dice nuestro compadre, que es ingeniero industrial, nosotros necesitamos que nuestro problema lo solucione un profesional. No se puede dejar un problema tan grave a expensas de alguien que no tiene preparación. Yo hace años tenía un problema en los riñones, y fui con uno y con otro que me prometían que me iban a curar, pero solo cuando consulté al médico nefrólogo me curé. Me dio un tratamiento tan efectivo que en un mes me solucionó el problema. Era un cálculo renal lo que yo tenía, y me lo disolvió con medicamento. Y desde esa vez aprendí que para algo existen los especialistas. Más vale invertirle a lo seguro".

Ernesto, con una actitud más distendida y relajada, expresa animadamente: "Doctora, nos recomendaron muchísimo venir con usted. Tenemos buenos amigos, que nos conocen desde hace tiempo. Les duele vernos así, toda la familia rota. Dos de esas personas la conocen a usted, y nos dijeron que usted era garantía. Le confieso que es la última chance que nos damos de recuperar la armonía que teníamos. Si esto no llegara a funcionar, tendremos que aceptar que lo nuestro ya no tiene solución".

Intento distenderme en el sofá, pero la incomodidad me invade nuevamente. Bebo un largo sorbo de café, como dilatando esa reacción ansiosamente esperada por esta pareja. Mi hipótesis parece estar confirmada: Lucía y Ernesto han llegado aquí con la misma fe con que se llega a una iglesia tras hacer una promesa y caminar por días y semanas. Están determinados a obedecerme, bajo la expectativa -inmensa- de que aquí encontrarán una milagrosa "redención". Claro que, como es obvio, esa confianza que me han conferido no es gratuita, sino que se funda en las acreditaciones institucionales que me avalan como una profesional debidamente calificada.

No obstante, mi conversación interna está ahora dominada por una cascada de dudas. Me pregunto a mí misma: ¿Yo soy, para ellos, como ese especialista nefrólogo que ahora es descrito por Lucía como figura casi salvífica? Ella dijo que el nefrólogo la curó en un mes. ¡¡Cuánta efectividad!! ¿Podría yo hacer algo semejante?; ¿será que viajaron hoy 170 kilómetros porque suponen que serán sólo cuatro viajes? Me retumban en la cabeza las palabras del Dr. Marcelo Pakman diciendo que "A los terapeutas no nos pagan por *hacer* terapia, sino por *tratar* de hacer terapia". ¿Qué sentirían mis consultantes si, en este momento, yo pensara esto en voz alta? Su optimismo terapéutico proyectado en mí, ¿es ingenuo?, ¿es insustentable?, ¿ignoran ellos que el estatuto científico de la psicología está en el núcleo de un largo debate epistemológico? ¿Saben que la disciplina psicológica se ha desarrollado como una "ciencia-archipiélago" con pugnas *epistemicidas* entre psicoanalistas, psicólogos cognitivo-conductuales, psicólogos experimentales, psicólogos existenciales y terapeutas posmodernos?, ¿Saben también, que lo prevaleciente en la praxis clínica de la salud mental es un eclecticismo pragmático, y que rara vez coincide lo que los terapeutas *hacen* con lo que *dicen* que hacen? Lucía ha dicho que el retiro espiritual les sirvió, pero insinúa que la terapia *tiene que* ser mejor (¿Significa eso que debe venir con sello de efectividad demostrada?), ¿Sabe Lucía que, en la actual sociedad de consumo, las fronteras entre la autoayuda, el crecimiento personal, el *coaching* y las psicoterapias son cada vez más porosas? Les han dicho que yo soy una buena profesional, pero ¿de dónde infieren esa ponderación?, ¿lo dirán porque mi abultado "currículum vitae" es un índice de fiabilidad? Eso ¿me hace más "científica"?, ¿o lo dirán, tal vez, porque las personas que me recomendaron son ex consultantes? (y, en ese caso, ¿qué les asegura que yo les seré útil a ellos como lo fui en otros casos anteriores?).

Para *tratar* de hacer terapia con Lucía y Ernesto, tengo que resistirme a que me perciban como una "médica del alma" (¿Estoy obligada a proceder con sus problemas como un especialista médico que estudia *objetiva* y *neutralmente* un hígado, unos riñones o un estómago?). Nada más alejado de eso. Mi consultorio no es el oráculo de Delfos. Entiendo que, probablemente, se han formado una idea de la terapia que está permeada por el sesgo eficientista dominante (según el cual, para que algo sea valioso, debe haber pasado controles de calidad científica"). Después de todo, si la ciencia resuelve tantos problemas de la vida actual, ¿por qué no deberíamos esperar también esa optimización para el mercado de la salud mental? (y de paso, también ¡¡para el de la felicidad!!).

Ya sé que un descomunal sector de la población piensa de esa manera sobre la psicoterapia. Pero, entonces, ¿debería yo sacar provecho de tal equívoco?, ¿es ético dejar que me coloquen en ese olimpo donde residen los "sabelotodo"? No, yo no tengo una solución "experta" para sus problemas. Me rehuyo a maximizar y exprimir la actual condición de vulnerabilidad de estas personas fragilizadas a las que pudiera ver como "clientes" necesitados de "soluciones envasadas". Me he tomado muy en serio mi formación y tengo acopiado mucho conocimiento técnico-racional, es cierto. Lo que hago es una práctica *científicamente infor-mada*, pero eso no convierte a mis decisiones clínicas en algo reducible a "lo basado en evidencia" (¡¡aunque esto sí que tranquilizaría a Lucía y a Ernesto!!).

Cualquier diagnóstico que yo pueda emitir acerca del cuadro sintomático que me presentan mis consultantes, supondrá una particular -y situada- forma de mirarlos (y de mirarme) que no es imparcial, ni inocente. ¿Debería auto-presentarme como *científica* para no sentirme impostora? En absoluto. De hecho, pienso que la verdadera impostura es *negar* que todo intento de ayudarlos estará siempre mediado e influido por mi *singular* forma de estar en el mundo.

No hay nada más ideológico que creerse libre de ideo-logías. Mi profesionalismo no depende de doblegar mis habilidades y mis conocimientos hasta hacerlos caber en las abstractas teorizaciones de la ciencia metódica. La experiencia del sufrimiento humano es lo suficientemente compleja como para afrontarla sólo desde categorías generales y modelos estandarizables. Si bien estos últimos pueden ser fuentes heurísticas para configurar robustas estructuras explicativas, no estamos ajenos a quedar atrapados en los tentáculos de sus guiones dogmatizantes y normalizadores. ¿De qué manera podría yo tratar a mis consultantes como capaces de ganar grados de libertad, si yo misma no soy capaz de sustraerme a las fuerzas succionadoras de las escuelas y corrientes hegemónicas dadoras de una vanagloriada "identidad profesional"?

Tras breves instantes en que pasan fugazmente por mi mente todas estas preguntas, vuelvo a hacer contacto visual con Lucía y Ernesto, que ahora permanecen sumidos en un silencio atento a mis siguientes palabras. Veo sus semblantes contrariados, afligidos, abatidos, pero, al mismo tiempo, hay un fulgurante brillo de esperanza. Y me veo a mí misma, invitada a ser Dios (¡si supieran que este Dios no tiene ningún plan preestablecido ni ninguna verdad revelada y absoluta! Soy *humana, demasiado humana* como para colocarme delante de Lucía y Ernesto con aires de omnipotencia. Soy tan sensible como ellos a lo impredecible, a lo indeterminado, a lo incierto, a lo indecidible, a lo subdeterminado, a lo inconcluso, a lo irremplazable, a lo irrepetible, a lo difuso, a lo paradójico, a lo que emerge inesperadamente en toda su furia vital. Si no quiero dejar morir ese ímpetu de cambio que los ha traído hasta aquí, deberemos ir hilando un espacio de encuentro que resulte cómodo para nosotros tres (un encuentro que no esté constreñido por la obligación de actuar el rol de una ingeniera de las emociones y los afectos).

Mi consabida y declarada incompetencia para convertirme en magistral aplicadora de modelos ya instaurados abre el horizonte para poder crear con Lucía y Ernesto una experiencia terapéutica sensible a nuestras particularidades. Por supuesto que tal modestia terapéutica arrastra el riesgo de que mis consultantes sigan, no obstante, abrazando expec tativas de recibir soluciones rápidas, indoloras y prediseñadas.

Después de todo, el mercado de la salud mental se ajusta a los gustos y necesidades del cliente, y dispone de modelos de terapia que pueden ir desde un paquete de diez sesiones hasta uno de sesión única. De cualquier manera, ese riesgo de no ser "elegible" como terapeuta lo asumo con convicción. La política de retención de clientes jamás será la que gobierne mi trabajo (incluso me resisto a verlos como "clientes" y a dejarme embaucar por una ética empresarial que todo lo cuantifica y monetiza). Que, en nombre de la identidad profesional, debamos sujetarnos dócil y acríticamente a la promoción inflacionista de la psicoterapia como *práctica técnico-racional* ya es, de por sí, una condición *miserable*. Pero más lo es el autosilenciamiento inducido por el aclamado *prestigio* de la disciplina.

O acaso,

¿Hay, para el terapeuta, alguna miseria más alienante que la de tener que disimular sus propias miserias?

El apego a las hipótesis en terapia: descubre tu estilo de apego

Rosa Coscolla Aisa

Prácticamente la mitad de terapeutas (47,85%) pensamos que debemos mejorar nuestro manejo de las hipótesis sistémicas.

Escenario

Manejar hipótesis en terapia sistémica es algo fundamental. Lo sabes, lo sientes e incluso eres activista de su buena formulación. En las formaciones te lo han repetido hasta la saciedad y las has elaborado y revisado a solas o en supervisiones.

Elaborar hipótesis supone integrar la cognición, la emoción y la pragmática, o sea, tratar con los elementos más relevantes de cualquier terapia, ya sea en sus primeras sesiones exploratorias como en las más avanzadas del proceso.

Cada maestrillo tiene su librillo, pero está claro que para cocinar una hipótesis vas a utilizar estos tres ingredientes, en un orden u otro: por un lado, introduces procesos cognitivos, en la medida que intentas ajustar la información que tienes del caso con la teoría relacional que manejas; por otro, añades tus emociones, porque tu sentir y experiencia -lo que te dicen tus tripas-, te influye en la construcción de dichas hipótesis. Y al final, incorporas tu vertiente pragmática, que viene a ser como el aliño o la decoración que matiza ese plato cocinado y que aparece cuando, en tu estilo, aplicas recursos o técnicas que te ponen en acción, para indagar si la hipótesis tiene el gusto deseado y tus comensales encajan en ella.

Desde cualquiera de estas tres vertientes, lo que intelectualizas, sientes y haces, lo pones en relación para construir y deconstruir las hipótesis que van a ayudar a conceptualizar "el caso" y guiar las intervenciones.

Escena 1: Primera alarma miserable, el apego ansioso

Lo tienes claro, como terapeuta sistémica la hipótesis es algo muy relevante, fundamental, porque guía los primeros encuentros con las personas que atiendes. Piensas en ello y se te activa la ansiedad. Por un lado, sabes que no puedes precipitarte en su elaboración, te dices que has de ser cuidadosa al construirla, pero por otro, no quieres eternizarte, porque en este caso eres consciente de que la corriente de la familia atendida se te llevará. Es en este punto del pensamiento y la emoción, cuando se te dispara la inseguridad y empiezan las dudas sobre tu hipótesis:

> — ¿Será que la teoría que tengo está suficientemente actualizada para elaborar bien mis hipótesis?
> — ¿Será que mis prejuicios me permiten ver los diferentes ángulos y escenas relacionales?
> — ¿Será que me faltó hacer la pregunta circular crucial?
> — ¿Será que me dejé atrapar por la historia que me contaron?
> — ¿Será que la sesión de hoy no ha ido bien porque voy por el camino que no toca?

Esto ocurrirá si tiendes a relacionarte desde el apego inseguro ansioso (o ambivalente), porque ante las dudas y los miedos de contar con una buena hipótesis, hoy te dirás que sí, que es buena y encaja y mañana te dirás justo lo contrario. Entonces pedirás sesión con tu supervisora, serás poco clara en la exposición; y de la reflexión surgida solo escucharás la parte que te da la razón, porque quieres que la hipótesis encaje.

Aunque, como dudas, grabarás las palabras de tu supervisora por si necesitas volverlas a escuchar, cosa que nunca harás. Entonces te machacarás, no solo por no ponerte la grabación, sino porque ocupa espacio en tu móvil y deberías borrar el material o pasarlo al disco duro.

Entrarás en el bucle típico del estilo ambivalente. La preocupación acerca de tu relación con la hipótesis te consumirá emocionalmente y pensarás mucho sobre ella. Estarás pendiente de cualquier detalle que pueda amenazar la terapia y después pensarás que eres una exagerada. En cambio, estarás feliz los días que las sesiones evolucionen según tus hipótesis.

Escena 2ª: Segunda alarma miserable, el apego evitativo

Los maestros te han repetido muchas veces la importancia de definir buenas hipótesis, de no enamorarte de ellas, de irlas poniendo en cuestión, de ser consciente de todas y de cada una. Y es que en esto de elaborar hipótesis hay una agenda oculta, a veces ni siquiera sabes que están jugando un papel en la relación terapéutica. Y es por ello, que los maestros te advierten de la importancia de hacer tu propio proceso terapéutico y realizar supervisiones de esos casos que se te encallan o en los que no ves avances.

El problema en este caso no es el de definir la hipótesis, sino el riesgo de enamorarse de ella y no soltarla. De ser así estarás estrechando las opciones de abrirte a otras versiones. Quieres tener tanta autonomía y autosuficiencia que si algo te hace dudar lo rechazarás o evitarás.

En esta situación, no habrá preguntas porque lo que buscarás son certezas:

> — Intentarás encajar la complejidad de la relación a tu mirada subjetiva
> — Intervendrás solo con las certezas de tus modelos explicativos

— La técnica conocida será tu mantra
— Te dirás que mañana ya pensarás en ello
— Quizás olvidarás indicadores o expresiones que
sustentaban tu hipótesis

Entrarás en la evitación de procesos cuando sientas cues-
tionada tu hipótesis, tu mirada profesional. Es entonces
cuando juzgarás y verás los defectos en los pacientes o des-
conectarás de estos porque sentirás que te aburren. Será
solo cuando te discutan abiertamente tu método, cuando
quizás pondrás en valor lo que querían decirte. Enamorarte
de la hipótesis no te dejará ver más allá y perderás muchas
oportunidades de crecer profesionalmente.

Escena 3ª- tercera alarma miserable: el apego desorganizado

Por definición, las hipótesis sistémicas en terapia sirven
para explicar los diferentes elementos contenidos en un
problema relacional y comprobar qué peso tienen cada
uno de ellos, a través, por ejemplo, de preguntas circulares.

En este sentido, es importante que no caigas atrapada en las
historias de las personas que atiendes, entrando más y más
en los detalles de sus pasados, sin un rumbo, sin un objetivo
que te permita acompañar de manera constructiva, sin entrar
en esos discursos *dormitivos* para avanzar en la terapia.

Si así fuera, tus intervenciones te llevarán a completar historias, datos y relaciones, pero sin saber a dónde vas.

— Y entonces ¿qué pasó?, cuéntame más sobre
esa situación
— Hoy vamos a seguir con este detalle emocional
que se quedó pendiente
— Así pues, tu tía abuela tenía un hijo que se fugó de
casa, para casarse con la nieta que era bipolar

Cuando has entrado en estos detalles ya puedes realizar urgentemente una revisión del caso. Pero quizás pedirás una supervisión y después no le verás el sentido. Tendrás pacientes que van a permitir o incluso promover estos enredos, para no entrar en las cuestiones más relevantes de las terapias.

Estarás desorganizada cuando veas que pasas de la ansiedad de saber que esto no te lo puedes permitir, a la evitación del problema, convenciéndote de que eso es relevante para mantener el vínculo con las personas que atiendes.

Escena 4ª: cierre, el apego seguro

Piensas en la importancia de construir buenas hipótesis y ves la relevancia que tienen para organizar el trabajo terapéutico. Pero además, y no menos importante, concluyes que, observar cómo uno se relaciona con las hipótesis que diseña, le ayuda a (re)conocerse en el trabajo que desarrolla como terapeuta, tanto por las emociones como por las conductas que despliega.

Aunque en esta posición puedas sentir inseguridad con la hipótesis que has elaborado, o ansiedad por estar perdida ante la opción de tener que definirla, estos sentimientos no los vas a rechazar y los vas a comunicar de forma segura, tanto a ti misma como en tu círculo de supervisión o apoyo. Cuando tienes un apego seguro hacia tu hipótesis, sabes que eres un ser imperfecto, que puedes expresar tus necesidades y que si dudas, juzgas o sientes que vas a la deriva, te das cuenta y sabes pedir ayuda.

Además, reconoces a los maestros que te ayudan y sabes distinguir los caminos saludables que te permiten crecer y expandirte hacia nuevos retos creativos.

Qué ansia me genera
saber que la cantidad
de libros o
cursos pendientes
es interminable

Raquel M. Ruiz Pérez

SABER MÁS
Ser suficiente
Cómo merecer mi éxito
FINGIR TENERLO
TODO BAJO CONTROL
repasar la carrera desde el principio
Si no aprendes esto, deberías
dedicarte a otra cosa

La paradoja más miserable: no tener tiempo para escribir sobre la miseria porque he estado en un curso de formación.

Hace unos años, mis amigas se referían a mí como "la niña de los másteres" y es que hubo una época en la que estaba tan perdida en la vida que me dediqué a formarme.

Primero, fue con la excusa de salir de casa, de permanecer bien lejos de los problemas (en otro país).

Después fue porque, haciendo un máster habilitante me abría puertas que realmente no me interesaba atravesar (las de opositar).

Y finalmente, por mí. Estudiar algo con más o menos salidas laborales, pero que me enriqueciera. Así fue como decidí formarme en terapia sistémica y ver color a mi carrera profesional.

Pero eso era sólo el principio de mi síndrome de la impostora (en adelante **S.I.**). Y es que, la pregunta lógica tras la formación y llevar a cabo mi proceso de terapia personal era:

Y ahora ¿QUÉ?

Yo no sabía la respuesta, pero mi **S.I.** comenzó a tener una opinión sobre esto y no paraba de comentarla en mis ratos libres.

No estás preparada.

Mis profesores parecían magos en las sesiones clínicas y a mí no me salían esas metáforas, esas intervenciones, ¡esas hipótesis! La conclusión que repiqueteaba insistentemente en mi cabeza no era otra que...

Eres un fraude.

Trabajando esto en terapia conseguí salir a flote y lanzarme a pasar consulta, eso sí, con mi S.I. siempre en la retaguardia.

De vez en cuando me hacía "darme cuenta" de que no sabía nada. *¡NADA!* Claro, a esas alturas el horizonte del conocimiento se expandía más allá de lo aprendido (o lo no aprendido...) en la escuela... ¿Enfoque sensible al trauma? ¿Modelo psicobiológico? ¿Teoría polivagal?

¿Ves? es que no tienes ni idea...

Un día me sorprendí buscando en la web de la escuela de Palo Alto el precio y condiciones de una estancia formativa. Otro día estaba admirando las hazañas de Stan Tatkin en terapia de pareja. Y un fin de semana contemplé hipnotizada a Nardone convenciendo a una compañera de que dejar de fumar podría ser un placer ante una audiencia de unas 300 personas.

¿Pero qué pintas tú en Palo Alto si eres una pringada?

Sin darme cuenta, yo era más pequeña y mi S.I. más grande. Por otro lado, menos mal que me sentía inepta para esa gesta, porque lo de Palo Alto costaba un ojo de la cara. De modo que me compraba más libros, todos apasionantes, todos empezados en el camino de vuelta a casa, y ninguno finalizado.

Porque claro, yo era un fraude, pero cada vez tenía más trabajo y menos tiempo para leer. Esa pila de libros era como un recordatorio material de todo lo que me faltaba por aprender.

Todo tenía mucho sentido. Como era una farsante con la consulta llena de gente que me pagaba por fingir saber algo, yo pagaba para que alguien me contara resumido todo eso que (claramente) no sabía y era de vital importancia saber. Y suena absurdo así escrito, pero así de ilógicos son los círculos viciosos. Conforme más sabes, más consciente eres de tus lagunas de información, y el S.I. se hace más fuerte.

Sin embargo, saber cómo funcionaba esto no servía de mucho hasta que las cosas se pusieron feas…

Un día el S.I. fue tan grande que dejé de tener espacio para mí. Comencé a apagarme, no sabía de qué hablar si no era del trabajo o de ese curso tan interesante o de tal libro o de la supervisión que tenía pendiente. Entablar conversación sobre otros temas o pensar en algo diferente para poder pegar ojo suponía un esfuerzo enorme. Así fue como mi cuerpo empezó a mandar señales de cansancio unas semanas y de enfermedad otras.

Llegados a este punto tuve que sentarme un día, no ya con mi terapeuta para conectar con la realidad, sino conmigo misma. Me senté frente a frente con esa parte de mí tan exigente, la creadora del S.I. que me venía acompañando tantos años. Detrás de ella había un miedo brutal y absurdo que escaló desde el:

Alguien podría descubrir que estoy pilotando un caza sin carnet.

A algo así como:

Ya desde pequeña todos sabían que no eras capaz/responsable/buena.

Claro, había que buscar una solución, y la exigencia estaba ahí para eso.

Si estudias más podrás tapar esto, podrás cambiar tu destino.

Suena más amable, pero es la misma función que la del S.I., protegerme de un hipotético fracaso, protegerme de sentirme incapaz/irresponsable/mala.

Sólo había un error en ese razonamiento, y es que ya había cambiado el destino que habían escrito para mí y no me estaba percatando… Me había hecho mayor sin que mi mundo interno se diera cuenta.

Los siguientes pasos fueron por el camino de la supervisión con otros profesionales, por trabajar en terapia, y por comenzar a cuidar de esa niña que se cree a pies juntillas que no vale nada.

Empecé a poner límites a las formaciones, a los libros y a los berenjenales en los que me metía. Porque, ojo, el lado saludable de esa exigencia me permite tener curiosidad, querer mejorar, ver mis errores, y eso es esencial. Se puede disfrutar muchísimo de una formación o un libro siempre y cuando sea desde la curiosidad en vez de desde la auto-devaluación.

Supongo que es ahí cuando empecé a respirar… a leer alguna novela fuera de la montaña de libros sobre psicoterapia que tenía a medias en la mesita de noche, a hablar con mis compañeras sobre quienes somos fuera de la consulta… a vivir.

Veremos a ver qué piensan de ti después de contarles todo esto…

¡A quién se le ocurre!

Tsss ¡Chitón!

Sobre la dificultad de quitarse el traje de terapeuta fuera del trabajo

María Jiménez Alonso

Es inevitable... Rozando el cuarto de compañeras, un 24,53% se pilla haciendo y diciendo cosas de terapeuta en sus relaciones personales.

Escucha, sólo un segundito...
...Pues como te iba diciendo...
¡Qué bien que te veo! Necesito contarte...

Estimada y paciente lectora,

Si has llegado hasta aquí seguramente no sea necesario decirte que el reparto de las miserias es de todo menos casual y que, cualquier parecido con la realidad, dista mucho de ser coincidencia.

Para comprender este fenómeno es importante tener en cuenta algunos aspectos: ¿Recuerdas cuándo te pusiste por primera vez el "traje de terapeuta"? Haz memoria...

Te vas a llevar una sorpresa...

De acuerdo con diversos estudios, la familia de origen y las primeras experiencias familiares pueden predisponer a algunas personas a seguir esta vocación (Guy, 2010). Como lo lees.

Resulta que crecer en nuestra familia de origen y no en la de la vecina del 5º, nos va conformando. Como bien dice Carmen Casas (2021), conforma a nuestras consultantes y nos conforma a nosotras, compañeras profesionales... Y conforma a nuestra terapeuta, y a la terapeuta de nuestra terapeuta. ¿O es que pensabas que a la tuya la encontraron debajo de una lechuga? Nosotras también tenemos una familia de origen, más o menos sana, más o menos convencional, donde aprendimos a ser quienes creemos que somos.

Quizá en esa dirección va nuestra primera conclusión: Nos cuesta quitarnos el traje porque hace muchos, muchos años, que llevamos puestas algunas de sus piezas. Y nos sentimos cómodas con él, porque... ¡Ya nos lo habíamos probado antes!

La nuestra es, como tantas otras, una profesión vocacional. Rara vez su elección se debe al azar. Es nuestra experiencia vital, el rol que nos asignan en nuestra familia de origen, el que asumimos en nuestras relaciones, las habilidades que desarrollamos y, en algunas ocasiones, aquello para lo que el equipo pedagógico de nuestro centro escolar ve que tenemos potencial, lo que hace que acabemos en la Facultad de Psicología.

Tengo un amigo que llegó a mi vida poco después de mi primera poda sináptica, por lo que se cuela en toda mi memoria autobiográfica consciente. Recuerda cómo, ya en Primaria, yo mostraba una marcada tendencia a escuchar, entender, ofrecer consuelo y cuidar de los demás. Para ello formulaba montones de preguntas con la sana intención de comprender, aunque algunos adultos se sentían incómodos y entendían que estaba cuestionando su autoridad. La única vez que la directora del cole convocó a mis padres, fue para indicarles que debían ayudarme a controlar esa *mirada*. Todavía tenía que entrenar un poco mi *poker* face.

Abierto 24h: Cuando los demás se olvidan de que no somos sus terapeutas

La primera psicotrampa cotidiana que nos podemos encontrar fuera de horario y fuera del marco terapéutico, consiste en vernos en situaciones en las que los otros esperan que continuemos ejerciendo. Esto puede suceder en cualquier escenario: desde la peluquera que, mientras te pone las mechas, te describe sus desavenencias conyugales y sus dificultades en la convivencia con su hijo adolescente… Hasta tu madre que, en un alarde de amor y aceptación incondicional, ante alguna expresión legítima, pero incómoda para ella, te espeta algo del calibre de "Ay hija, ¡parece mentira que seas psicóloga!". Sí, no pongas esa cara. Sé que a ti también te ha pasado.

La mía, además, suele hacer alusión al prestigio y al coste del colegio privado al que asistí. Y es que ser terapeutas, haber realizado miles de horas de formación, terapia personal, supervisión y todo lo demás, no elimina nuestra humanidad. Asistir a un colegio pijo tampoco. Y menos mal, porque en esa misma humanidad radica la esencia de lo que nos permite desempeñar nuestra labor en la relación terapéutica.

Si dedicamos un momento a la reflexión, enseguida nos daremos cuenta de que compartimos infortunios con otros pobres "miserables": Quienes se dedican a la enfermería, la mecánica o la informática… Son también víctimas de estos asaltos despiadados. Sin embargo, hay otros suertudos cuyo tiempo se trata con mayor consideración. Estimados profesionales de la podología, la odontología y la ginecología: Os envidiamos. A nadie se le ocurre espatarrarse para mostrar su intimidad a un ginecólogo fuera de su consulta. Las terapeutas vivimos amenazadas a un despatarre, en este caso emocional, que puede llegar en el momento y el lugar más inesperado.

Puedo hablaros de una compañera que ha llegado a probar distintas identidades al más puro estilo Mortadelo a fin de librarse de estas invasiones de su espacio privado. No contaba ella, pobre ingenua, con la insaciable curiosidad de algunos seres humanos. Tras varios intentos más o menos exitosos, decidió cambiar su estrategia de autoprotección al ser sometida a un morboso tercer grado cuando, al preguntarle por su profesión, afirmó muy seriamente dedicarse a la Tanatopraxia.

Pero volvamos al asunto que nos trae aquí: Es muy cansado, además de un despropósito ético y relacional, que familiares, amigos y conocidos acudan a nosotras en calidad de terapeutas. Además, resulta terriblemente frustrante cuando (como ocurre la mayoría de las veces) acaban ignorándote y haciendo lo que les da la gana a ellos. Y con todo el derecho, que para eso es su vida. Eso sí, luego vienen otra vez a lamentarse esperando de nosotras apoyo y contención emocional… Y así no se puede, queridas.

Si no me falla Google, se atribuye a Jean-Paul Sartre la manida frase "Mi libertad termina donde empieza la de los demás". Pues eso mismo. Y nosotras, compañeras terapeutas, por muy buena intención que tengamos y por mucho que sepamos, tenemos tanto derecho como cualquier otra persona a no estar ejerciendo nuestra profesión constantemente.

Repite conmigo: Merezco quitarme las gafas de la circularidad, aparcar mis recursos y habilidades de terapeuta y ser simplemente María. O como tú te llames. No hace falta que seas yo, que con lo tuyo ya tienes bastante.

Te juro que es la primera vez que me pasa: No sin mi traje

Aún a riesgo de realizar una autorrevelación comunitaria que desagrade a algunas, no puedo continuar escribiendo sin reconocer que no siempre son los demás quienes nos colocan en esta posición de terapeutas. Ya lo has visto. Está bien poder repartir la responsabilidad, pero una considerable porción del pastel se queda en el plato cuando sólo damos a los demás. Es conveniente diferenciar entre las causas (multicausas) de origen y de mantenimiento, y no podemos perder de vista la función del síntoma que es, lo sabes de sobra, mantener la homeostasis del sistema. Sin embargo hay algo más que ya Papá Sigmund puso sobre la mesa: el beneficio secundario.

¿O es que esa empatía, autenticidad y aceptación incondicional, tan necesarias dentro de la relación terapéutica (Rogers dixit) sólo les viene bien a los demás? Seguramente hacen de ti una persona amable, cordial, colaboradora, capaz de escuchar y transmitir al otro que es visto, comprendido y no juzgado... Seguro que nuestras habilidades como terapeutas son algo que "llevamos puesto" también fuera de la consulta y que hacen que los otros se sientan a gusto. Y esto, sin duda, repercute en nuestro propio bienestar. Para empezar, promueve la comunicación y puede suponer una lluvia de cumplidos del tipo "es tan fácil hablar contigo", "siento que me entiendes", "tu opinión siempre es útil"… Y, queridas, a nosotras también nos agrada que nos regalen el oído.

Así que quizá esa presencia y esa escucha activa pueden sernos beneficiosas y suponer un chute de autoestima en las relaciones. Nuestro ego herido, del tamaño que sea, sonríe satisfecho con su tripita llena de validación y reconocimiento. Y eso engancha…

Entre nosotras, y porque a estas alturas ya tenemos claro que este es un espacio seguro y libre de juicio, voy a contaros otra anécdota: Hace un tiempo me dio por profundizar en los aspectos no verbales de la comunicación y leí, por supuesto, a Flora Davis. Decidí, a modo de juego, poner en práctica algo de lo que había estado leyendo con un chico que me gustaba. Prefiero hablar de juegos relacionales que de experimentos, porque aunque el tipo tenía un poco de cara de ratón, no quiero que se despierte mi crítica interna. ¿Sabes qué pasó? Triunfé, como la Coca-Cola. Después de un tiempo, como tampoco estamos inmunizadas contra los fracasos sentimentales, las cosas se torcieron. Flora, ¡nunca te lo perdonaré!

Te invito, estimada lectora, a pensar en lo que tú te llevas cuando te colocas en ese rol de experta en tus relaciones fuera del despacho. Quizá, como niña parentalizada, te posiciones desde esa necesidad de ser reconocida en tanto en cuanto estás al servicio de los demás, dispuesta a detectar y dar cobertura a sus necesidades. O tal vez, habiéndote sentido ignorada, esta posición más visible y considerada te permite significarte en el mundo y encontrar un espacio donde no sólo ser tenida en cuenta, sino además respetada o incluso admirada. En fin, sólo son hipótesis…

Así que no sólo son los otros, los de fuera, los que se empeñan en que no nos quitemos el traje. Algunas de esas otras de aquí dentro, de esa multitud que habita en mí, también están muy a gusto esconditas tras el disfraz de profesional, sienten que tienen control conversando desde el "yo sé cómo funcionan los humanos/las relaciones" y además, pueden sentirse seguras, reconocidas, queridas y útiles mientras cuidan de los demás.

Si, además de ser psicólogas, nuestra orientación es sistémica, tenemos que añadir un extra de cautela. ¿Por qué?, te preguntarás. O mejor, ¿para qué?, porque a estas alturas has descartado las explicaciones lineales y la circularidad corre por tus venas. Pues para no caer en la trampa de la colaboración. Que las investigaciones de Bateson sobre la comunicación han sido muy valiosas, pero de vez en cuando eso de ser colaboradoras nos mete en enredos de los que no es sencillo salir.

En nuestra formación debería haber una io varias! asignaturas relacionadas con el autocuidado. Creo que era Spiderman el que decía eso de "un gran poder conlleva una gran responsabilidad". Quizá tengamos clara nuestra responsabilidad para con los consultantes, pero también tenemos que hacernos cargo de nosotras mismas, y esa responsabilidad tiene que ver, entre otras cosas, con poder cambiar de traje.

¿Qué hago hablando de apego si sólo quería tomarme una cerveza?: Cuando se nos olvida quitarnos el traje

El cirujano se quita los guantes, la bata quirúrgica, la mascarilla, el gorrito, el pijama y hasta los zuecos al final de su turno. El submarinista controla la velocidad de ascenso, hace paradas de descompresión, llega a la superficie, se quita el equipo y pasa por la cámara hiperbárica si es necesario... ¿Y el terapeuta? Pues me encantaría decirte que las terapeutas nos desencajamos las orejas, como Mr. Potato, y las guardamos en una pequeña caja fuerte que el Colegio de la Psicología nos regala cuando nos acreditamos para ejercer. Pero no.

Alguien a quien conozco bien dentro y fuera del despacho intentó crearse un ritual en base a esto. En pocos días comprobó que la única que se daba cuenta de que llevaba "los pendientes de psicóloga" era ella. Y es que compartir un código es fundamental en cualquier proceso comunicativo y las sutilezas no siempre funcionan. Tal vez un rótulo luminoso sobre la cabeza sería una buena opción para recordar, y recordarnos, cuándo estamos de servicio. A pesar de que somos nuestro propio instrumento de trabajo, no siempre tenemos estrategias eficaces para afinarnos, cambiarnos el disfraz o resintonizar la emisora.

¿Te has descubierto intentando explicar determinados procesos psicológicos en conversaciones cotidianas? Venga, que a estas alturas ya nos conocemos y sabes que tus miserias son también las nuestras.

La mirada sistémica es un poco como aquellos libros de Magic Eye 3D, tan de moda en los '90. Cuesta al principio, pero después no puedes dejar de verlo. A fin de cuentas, trabajamos con historias, ayudamos a reconstruir narrativas y, cuando salimos de la consulta, las historias no cesan. Escuchar las noticias, leer una novela, ver una serie, ir al cine o poner la antena en la conversación de la mesa de al lado mientras te tomas un café, puede convertirse también en un espacio en el que revisar escenas, detectar necesidades y poner a prueba hipótesis relacionales.

Las terapeutas cargamos sobre nuestros hombros con el gran peso de, aunque no queramos, tener la capacidad de comprender a todo el mundo. Esto, que a priori parece una enorme ventaja, es una desventaja gigantesca: Esa división "natural" del mundo en buenos y malos se desvanece. Ni el Lobo es tan feroz, ni Caperucita tan ingenua… Y la madre de Caperucita, una cuidadora principal cuanto menos negligente. Sin embargo, el mundo parece más sencillo cuando hay dos categorías separadas e inamovibles en las que encasillar a los personajes.

Seguramente tú también te has dado cuenta de que Darth Vader y Voldemort, por mencionar algunos, tienen una historia de vida que nos permite comprender su frustración, su rabia y sus acciones, que no justificarlas. Pero al parecer esta no es una opinión muy popular para los amantes de sus respectivas sagas.

Llevada al ámbito de las relaciones fuera del contexto terapéutico, esta actitud comprensiva y compasiva que nos acompaña puede estar asociada a una dificultad para marcar límites, enfadarnos o incluso romper vínculos que resultan insanos. Porque claro, ¿cómo te vas a enfadar? Si no es nada personal. Con lo que esa persona ha vivido, lo más lógico es que haga lo que está haciendo. Es el resultado de sus modelos internos de trabajo, de su estilo vincular y de la activación de una respuesta vagal dorsal por parte de su sistema nervioso parasimpático. Así que allá vamos, a colaborar otra vez...

Como no podemos encerrar a la yo-psicóloga bajo llave mientras vamos al supermercado, a comer con los suegros o de fin de semana con los amigos, ésta puede reactivarse y poseernos tanto en nuestras interacciones en lugares públicos como en nuestras relaciones personales más íntimas. De tanto estar encendida, de vez en cuando se le agota la aceptación incondicional y, con frecuencia, si alguien tiene que renunciar a su dosis, somos nosotras mismas o nuestra persona más cercana.

Una compañera, que además es mamá primeriza de un tesorito de dos años, me contaba cómo le invadían la culpa y la vergüenza cuando la profe le explicaba alguna peripecia que había ocurrido durante la mañana en la Escuela Infantil. Su discurso interno aparecía bajo su rostro apenado en forma de subtítulos: "¿Cómo es posible que tu hija, de dos años, haga una perreta? ¡Si eres psicóloga! ¿Qué pensará esta mujer?". Buen momento para dejar de jugar a adivinar el pensamiento, volver a ponerse las gafas de experta y mostrar un poco de compasión por todas las partes implicadas.

Y es que parece que hay cosas que a ti y a mí, que somos terapeutas, no nos pueden pasar. Una parte de mí sabe que mi profesión no me protege de las crisis vitales y del transitar de los años. Pero hay otra… ¡Ay! Hay otra que actúa como la jueza más severa si no soy capaz de ver en mis relaciones aquello que no se me habría escapado en las de cualquier consultante o si no regulo mis emociones de manera óptima.

Soy terapeuta y debería tener recursos, ¿no?:

Pues para ti, para mí, para el conductor al que he pitado en el atasco matutino y, sobre todo, para la jueza interna que me mira mal. Soy terapeuta, pero también soy miembro del reino animal, con mi sistema nervioso, mis necesidades básicas y todo lo demás. Soy una hembra de Homo Sapiens, la única especie viviente dentro del género Homo, lo que en sí mismo ya es una maravilla. Así que, por favor, deja que mi amígdala me secuestre un rato, que para eso está, y no me juzgues por ejercer libremente el derecho a deslizarme por mi Aquapark límbico.

En esta delirante reflexión que comparto con vosotras, me viene a la cabeza aquella frase de anuncio con la voz de Antonio Banderas: *"No es lo que tengo, es lo que soy"*. Podemos reciclar y replantear este mensaje humanista que realza la esencia del ser por encima de los bienes materiales. Múltiples títulos en psicología, psicoterapia y especialidades diversas NO son lo que soy, son lo que tengo. Lo que he logrado con el sudor de mi frente, el dolor de mis codos y el sacrificio de mi tiempo y mi bolsillo. Sí, le estoy dando la vuelta al mensaje filosófico y, creedme, es por nuestro propio bien.
Lancemos juntas desde aquí un mensaje claro a todo aquel que quiera escucharnos:

Primero humanas, después profesionales

Y escuchémonos a nosotras mismas, que de vez en cuando también se nos olvida.
Quitarte los pendientes, desenroscarte las orejas y poder permitirle ser, con todo lo que importa, sólo una humana más.

Nota final

Como te imaginarás, el camino no termina aquí. Ha quedado mucho por contar y le hemos cogido el gusto a la creatividad colaborativa. Así que amenazamos con publicar una segunda parte, o quién sabe qué otra forma de desafiarnos encontraremos.
De momento, te dejamos un cabo suelto de nuestra mantita, por si quieres seguir tejiendo. Ahí tienes la posibilidad de acceder a contenidos adicionales, contactar y conocernos un poco más.
Visita: **www.macroscopio.com/miseriasterapeuticas**

¿Sabes cómo puedes contribuir con este libro de una forma muy sencill a, pero inmensamente valiosa?
Deja un comentario en Amazon compartiendo lo que te quedas del libro, así podremos llegar a más terapeutas miserables.

¡Gracias por tu tiempo!

CONTENIDOS EXTRA
EL CUESTIONARIO MISERABLE

¡Respóndelo online desde la web!
Les pedíamos que valorasen de 1 'No me identifico para nada' a 5 'Me identifico muchísimo'

MISERIAS

MIS1. Siento que me aplasta el peso de la responsabilidad después de varias sesiones sin avances.

MIS2. La de cosas que podríamos hacer para mejorar su vida… ¡Pero sólo quiere desahogarse!

MIS3. El eterno dilema entre: esta técnica no está funcionando VS. le tengo que dar más tiempo.

MIS4. ¡Qué difícil es terminar las sesiones a tiempo!

MIS5. Me he dejado arrastrar al lado oscuro saturado por el problema. Que la fuerza me acompañe.

MIS6. Padre, he pecado de herejía sistémica. Indagué de forma despreciablemente lineal…

MIS7. Me pillo dando consejitos.

MIS8. Tengo susurrándome alrededor de mi cabeza a un representante de cada modelo sistémico. No sé a quién hacer caso… ¡Todos son muy convincentes!

MIS9. Acepté un "volver a estar bien" como objetivo terapéutico. (Merezco morir.)

MIS10. Cuántos "no sé" seguidos puede aguantar una pregunta antes de pasar a otra sin perder los nervios.

MIS11. ¡¡¿Qué si tengo hijos?!! ¿Le preguntarías a un oncólogo si ha tenido cáncer?

MIS12. Estoy de cañas o en el supermercado con las peores pintas de mi vida y aparece un consultante. Tierra, trágame.

MIS13. Dicen que la edad sólo es importante si eres un queso, un vino... (o una terapeuta).

MIS14. ¿Cómo se te ocurren esas preguntas, Michael White? ¿Por qué tus clientes siempre responden a las más rebuscadas y los míos me miran como si estuviera flipada?

MIS15. He sermoneado mucho y preguntado poco...

MIS16. Ufff ¿Debo contestar a este whatsapp?

MIS17. La pregunta del milagro no es tan "yeah" como parecía...

MIS18. No me puedo dormir dándole vueltas al caso.

MIS19. Más me vale arreglar la alianza con A, hoy se me ha notado demasiado que estaba de parte de B...

MIS20. Hay determinados perfiles que me producen sarpullido.

MIS21. En mi cabeza tenía sentido la devolución, pero al decirla ha sonado absurda.

MIS22. He caído en el juego familiar y he perdido la partida. A ver cómo remonto la siguiente ronda.

MIS23. Me cuesta elaborar hipótesis. Estoy nadando sin brújula. ¡Esto es un caos!

MIS24. Por fin he olvidado el nombre de muchas de las técnicas que utilizo, quién se la inventó e incluso de qué corriente son... ¡Y entonces me machaco porque no me acuerdo!

MIS25. ¿Seré insensible si duermo como un tronco a pesar de la dificultad y el sufrimiento de la familia?

MIS26. ¿Soy buena profesional? Unas veces creo que sí y otras veces entro en duda existencial... Y otra vez al terapeuta me toca consultar.

MIS27. Me cuesta quitarme el "traje de terapeuta" en mi vida personal.

MIS28. Llevo esperando un buen rato. No llegan. Les llamo. No lo cogen. Qué mal... ¡no van a volver! Ya lo sabía yo... Luego siempre hay un motivo de peso, como haber ido a la peluquería o elegir el traje de comunión de la niña.

MIS29. Consejos vendo, que para mí no tengo.

MIS30. Qué ansia me genera saber la cantidad de libros o cursos pendientes. El saber que esto es interminable, un aprendizaje sin fin.

MIS31. Milagritos a Lourdes.

MIS32. (Estoy yo hoy como para escuchar tus pamplinas, si yo te contara...) "Aha... entiendo..."

MIS33. ¿Quién se creen estas personas que soy? ¿Un semidiós que sabe de todo? ¿Volverán a sesión si pinchamos el globo del terapeuta como sustituto de un sabio chamán que mira el mundo desde una torre de marfil?"

CAPITULEANDO EL INFORME DEL CUESTIONARIO DE LAS MISERIAS TERAPÉUTICAS

Sara Enrique Belda

Vamos a ver si la realidad que nos escupen los datos corrobora nuestras queridísimas o no tan queridas hipótesis.

Al inicio de este proyecto colaborativo queríamos ver si todo esto de las miserias del/la terapeuta eran vivencias y casuísticas compartidas por terapeutas más allá de las autoras terapeutas de este libro. Es decir, nos preguntábamos si el resto de la comunidad se sentía identificada con las 33 miserias que planteamos conjuntamente. Para ello, se recogió información, de forma anónima, a través de un cuestionario para ver en qué grado los encuestados voluntarios se identificaban con cada una de las 33 miserias planteadas (las puedes consultar en el cuestionario o en la Tabla 2, como prefieras) algunas de las cuales, amadrinadas por las autoras, han servido de base para los capítulos que conforman este libro.

Además, en el cuestionario se dejó una pregunta abierta para que los terapeutas encuestados también compartieran otras miserias que, seguramente también percibían las autoras, pero aún no habían salido a la luz (estas miserias también las puedes consultar en el apartado final '¿Nos hemos dejado algo? Nuevas Miserias Terapéuticas propuestas por las personas encuestadas', como verás, tampoco les falta el humor).

¡Gracias a todos y todas aquellas terapeutas que participaron en el cuestionario!

El informe completo lo puedes descargar en PDF de la web con todas sus gráficas y sus tablas debidamente referenciadas:

www.macroscopio.com/miseriasterapeuticas

Características de la muestra

La muestra estaba compuesta por 163 terapeutas que respondieron el cuestionario entre septiembre y octubre de 2021. En cuanto al género (figura 1), 82.2% se identificaron con el género femenino, 16.3% con el género masculino, nadie respondió 'Otro' (tabla 1).

En cuanto a la experiencia en años como terapeuta (figura 2), curiosamente el mismo porcentaje de personas (44.4%) llevaban 'entre 2 y 10 años' y 'más de 10 años', solo 11.3% tenía menos de dos años de experiencia como terapeuta.

Descripción de las Miserias

En la Tabla 2 podemos ver las distintas medias y desviaciones típicas (que, en este caso, son más informativas que las medianas) de cada una de las Miserias (ítems). Recuerda que estas variables son ordinales, esto es, se puntuaron con una escala Likert graduada de 5 puntos: desde 1 'No me identifico para nada' a 5 'Me identifico muchísimo'. Por tanto, una media mayor de 3 muestra una Miseria con la que la mayoría de participantes se identifica. Por el contrario, una media menor de 3 es una Miseria que tiene menos acogida en la comunidad.

Podemos ver como la mayoría de las Miserias (concretamente 24 de las 33 Miserias) tuvieron una media por encima de 3, es decir, están respaldadas por la comunidad. Solo dos de las Miserias puntuaron justo 3; y siete Miserias estaban por debajo de 3.

La miseria con mayor media fue la MIS26 *¿Soy buena profesional? Unas veces creo que sí y otras veces entro en duda existencial... Y otra vez al terapeuta me toca consultar.'*, mientras que la miseria con menor puntuación MIS25 *¿Seré insensible si duermo como un tronco a pesar de la dificultad y el sufrimiento de la familia?'.*

Tabla 2. Estadísticos descriptivos de los ítems Miserias del cuestionario

VARIABLE	N		DT
MIS1. Siento que me aplasta el peso de la responsabilidad después de varias sesiones sin avances.	163	3.75	985
MIS2. La de cosas que podríamos hacer para mejorar su vida… ¡Pero sólo quiere desahogarse!	163	3.44	1.291
MIS3. El eterno dilema entre: esta técnica no está funcionando VS. le tengo que dar más tiempo.	163	3.21	1.137
MIS4. ¡Qué difícil es terminar las sesiones a tiemposesiones a tiempo!	163	3.74	1.322
MIS5. Me he dejado arrastrar al lado oscuro saturado por el problema. Que la fuerza me acompañe.	161	3.37	1.149
MIS6. Padre, he pecado de herejía sistémica. Indagué de forma despreciablemente lineal…	160	3.33	1.301
MIS7. Me pillo dando consejitos.	163	3.53	1.151
MIS8. Tengo susurrándome alrededor de mi cabeza a un representante de cada modelo sistémico. No sé a quién hacer caso… ¡Todos son muy convincentes!	161	2.86	1.316

MIS9. Acepté un "volver a estar bien" como objetivo terapéutico. (Merezco morir.)	161	2.83	1.361
MIS10. Cuántos "no sé" seguidos puede aguantar una pregunta antes de pasar a otra sin perder los nervios.	161	3.39	1.285
MIS11. ¡¡¿Qué si tengo hijos?!! ¿Le preguntarías a un oncólogo si ha tenido cáncer?	162	3.04	1.526
MIS2. La de cosas que podríamos hacer para mejorar su vida... ¡Pero sólo quiere desahogarse!	163	2.77	1.458
MIS3. El eterno dilema entre: esta técnica no está funcionando VS. le tengo que dar más tiempo.	163	3.23	1.395
MIS4. ¡Qué difícil es terminar las sesiones a tiempo!	163	3.61	1.193
MIS5. Me he dejado arrastrar al lado oscuro saturado por el problema. Que la fuerza me acompañe.	163	3.21	1.332
MIS6. Padre, he pecado de herejía sistémica. Indagué de forma despreciablemente lineal...	163	3.25	1.416
MIS7. Me pillo dando consejitos.	163	3.50	1.274
MIS8. Tengo susurrándome alrededor de mi cabeza a un representante de cada modelo sistémico. No sé a quién hacer caso... ¡Todos son muy convincentes!	163	2.94	1.398

MIS19. Más me vale arreglar la alianza con A, hoy se me ha notado demasiado que estaba de parte de B	162	3.26	1.031
MIS20. Hay determinados perfiles que me producen sarpullido.	163	3.80	1.132
MIS21. En mi cabeza tenía sentido la devolución, pero al decirla ha sonado absurda.	162	3.40	1.208
MIS22. He caído en el juego familiar y he perdido la partida. A ver cómo remontó la siguiente ronda	163	3.25	1.321
MIS23. Me cuesta elaborar hipótesis. Estoy nadando sin brújula. ¡Esto es un caos!	163	2.85	2.497
MIS24. Por fin he olvidado el nombre de muchas de las técnicas que utilizo, quién se la inventó e incluso de qué corriente son... ¡Y entonces me machaco porque no me acuerdo!	163	2.85	1.497
MIS25. ¿Seré insensible si duermo como un tronco a pesar de la dificultad y el sufrimiento de la familia?	152	2.06	1.252
MIS26. ¿Soy buena profesional? Unas veces creo que sí y otras veces entro en duda existencial... Y otra vez al terapeuta me toca consultar.	163	3.90	1.213

	N		DT
MIS27. Me cuesta quitarme el "traje de terapeuta" en mi vida personal.	163	2.57	1.252
MIS28. Llevo esperando un buen rato. No llegan. Les llamo. No lo cogen. Qué mal… ¡no van a volver! Ya lo sabía yo… Luego siempre hay un motivo de peso, como haber ido a la peluquería o elegir el traje de comunión de la niña.	161	3.02	1.306
MIS29. Consejos vendo, que para mí no tengo.	162	3.44	1.285
MIS30. Qué ansia me genera saber la cantidad de libros o cursos pendientes. El saber que esto es interminable, un aprendizaje sin fin.	163	3.79	1.372
MIS31. Milagritos a Lourdes.	160	3.53	1.466
MIS32. (Estoy yo hoy como para escuchar tus pamplinas, si yo te contara…) "Aha… entiendo…"	162	3.14	1.372
MIS33. ¿Quién se creen estas personas que soy? ¿Un semidiós que sabe de todo? ¿Volverán a sesión si pinchamos el globo del terapeuta como sustituto de un sabio chamán que mira el mundo desde una torre de marfil?"	162	3.09	1.369

Nota. N = tamaño de la muestra; DT = Desviación típica.

Miserias y su relación con variables contexto

Para ampliar la información sobre las 33 Miserias, las pusimos en contexto analizando su relación con dos variables sociodemográficas recogidas en el cuestionario: el género y la experiencia temporal como terapeuta. ¿Cómo lo hemos hecho? Comparando las medias (y varianzas) de las 33 Miserias, a través de dos pruebas estadísticas: a) Test de Wilcoxon Mann-Whitney para la variable independiente *Género* (femenino y masculino) y, b) ANOVAs de un factor para la variable independiente *Experiencia*, que tiene tres dimensiones: 'menos de 2 años', 'entre 2 y 10 años' y 'más de 10 años'. Estos análisis se han realizado con el 'famoso' *- ya cada quien concibe ese famoso de forma positiva o negativa ;) -* paquete estadístico SPSS, en su versión 26.

Miserias y género

Antes que nada, recordemos que se debe tener cautela a la hora de interpretar y generalizar estos resultados, ya que en cuanto al género se refiere, la gran mayoría de la muestra de terapeutas se identificó con el género femenino (83.8%), frente al 16.3% del género masculino.

Solo 15/33 Miserias sí mostraron diferencias estadísticamente significativas de género (si te pica la curiosidad y quieres saber cuáles son esas 15 Miserias, puedes visitar la web y la Tabla 3 te revelará esa información detallada).

Como dato a destacar podemos observar todas estas 15 Miserias han seguido el mismo patrón, las mujeres han puntuado más alto que los hombres. Concretamente, las medias de las mujeres están por encima de 3 (a excepción de MIS8 y MIS27), mostrando que sí se identifican con estas 13 Miserias, mientras las medias de los hombres se sitúan por debajo de 3 (a excepción de MIS20), mostrando menor grado de identificación con las 14 Miserias.

Miserias y experiencia como terapeuta

Para analizar las diferencias de las Miserias debido al tiempo de experiencia como terapeuta, se realizaron análisis ANOVA de un factor y sus respectivas pruebas post-hoc Gabriel. Las pruebas post-hoc Gabriel son adecuadas cuando los tamaños muestrales de los diferentes grupos son distintos. Como resultado, de las 33 Miserias, solo 12 mostraron diferencias estadísticamente significativas en cuanto a la experiencia (de nuevo, si te pica la curiosidad visita la web y observa la Tabla 4).

Por ejemplo, MIS1 *'Siento que me aplasta el peso de la responsabilidad después de varias sesiones sin avances'* sólo mostró diferencias significativas entre el grupo 'menos de 2 años' con una media de 4.33, y el grupo 'más de 10 años' con una media de 3.55 (restamos 4.33 - 3.55 = 0.78). Por tanto, los/las terapeutas con 'menos de 2 años' puntuaron 0.78 más en MIS1 (es decir, sienten más peso de responsabilidad si no ven avances) que los/las terapeutas con 'Más de 10 años' de experiencia.

Otro ejemplo sería MIS21 *'En mi cabeza tenía sentido la devolución, pero al decirla ha sonado absurda'*, que mostró dos diferencias significativas entre los grupos. Es decir, vemos que la diferencia en MIS21 es más grande cuanto más grande es la distancia temporal de la experiencia como terapeutas. En otras palabras, cuanto mayor experiencia menos sensación de hacer devoluciones 'absurdas'.

Un dato curioso y persistente es que a medida que aumentan los años de experiencia como terapeuta, las medias de las 12 Miserias bajan de puntuación, esto es, disminuye su importancia para el terapeuta.

Y, por último, destacar que MIS26 *¿Soy buena profesional? Unas veces creo que sí y otras veces entro en duda existencial... Y otra vez al terapeuta me toca consultar'* fue la única miseria que mostró diferencias entre terapeutas con 'menos de 2 años' y terapeutas con 'entre 2 y 10 años' de experiencia. Mostrando de nuevo que, a más experiencia, menos dudas (profesionales y existenciales).

A modo ilustrativo es interesante leer la aportación que *escribió un participante en la última pregunta abierta: 'Creo que mis respuestas son fruto de muchos años ejerciendo, porque si lo hubiera cumplimentado hace 15 o 20 años hubiera sido un 5 casi todo'.*

¿Tienen dimensiones nuestras Miserias?

En ocasiones, lo que deseamos es "agrupar" o "reducir" los ítems de un cuestionario a un número menor de dimensiones, bien con el objetivo simplemente de tener un número más manejable de variables que tenga cierta homogeneidad, o porque desde el punto de vista teórico debieran agruparse. En definitiva, para simplificarnos la vida. En este sentido, hipotetizamos al principio del libro que, atendiendo al contenido del ítem y en base a la teoría y a la experiencia como terapeutas, algunas de las 33 Miserias que conformaban el cuestionario podían estar altamente relacionadas entre sí (covariar) y generar "supra-variables", es decir, dimensiones con variabilidad común.

El modelo 'hipotetizado' tenía estas seis dimensiones: 1) Mundo personal de el/la terapeuta, 2) Técnica (o Nivel Técnico), 3) Relación terapéutica, 4) Contexto, 5) Mundo del consultante y 6) Fidelidad al modelo sistémico. Pero, sin poder quitarnos las gafas sistémicas (como no), al debatir conjuntamente qué Miseria iba con qué dimensión, empezaron a salir flechas y relaciones en múltiples direcciones, lo que planteaba dimensiones, que no solo estaban relacionadas entre sí, sino que además compartían muchísimas

Miserias. A modo de ejemplo, la miseria MIS4 *'¡Qué difícil es terminar las sesiones a tiempo!',* se debatió y se localizó en tres dimensiones a la vez: la dimensión Técnica, la dimensión *Relación terapéutica, y la dimensión Contexto.*

Como ves, aunque la intención inicial era simplificar y categorizar miserias, para quizá poder organizar las miserias en dimensiones que le dieran estructura al libro, paradójicamente las flechas e interrelaciones, que íbamos planteando según la teoría y la experiencia, se nos comieron. Es decir, las seis dimensiones estaban claras, pero las gafas sistémicas no nos dejaban ver con claridad dónde era el único lugar teórico 'correcto' para cada miseria.

Pero, decididas, lo pusimos a prueba con ayuda de la estadística. Se realizaron todos los pasos necesarios, claro. Primero, se verificó que nuestras 33 miserias se podían agrupar en dimensiones (según los criterios de Kaiser-Meyer-Olkin (KMO) y Prueba de Esfericidad de Bartlett) y luego, les preguntamos a los datos (a las miserias): ¿cómo preferís agruparos? (a través de un Análisis Factorial Exploratorio (EFA) con el paquete estadístico MPLUS 8.4, utilizando una rotación geomin de tipo oblicua, que permite que las dimensiones resultantes puedan correlacionar entre sí).

Curiosamente, el paquete estadístico MPLUS, ¡tampoco se pudo quitar las gafas sistémicas! Los datos (de las miserias) también indicaron que se ajustaban adecuadamente a un modelo de seis dimensiones (eso sí, unas dimensiones más sosas, sin nombres). Pero, al igual que nos había pasado a las autoras en el debate teórico, MPLUS tampoco ubicó cada una de las miserias solamente en una dimensión… Por ejemplo, la miseria MIS29 *'Consejos vendo, que para mí no tengo.',* ¡se localizaba en cuatro dimensiones diferentes!
Por tanto, recordando que siempre, siempre, siempre, la teoría manda sobre los datos y tras un largo debate sobre los resultados con el resto de autoras terapeutas, decidimos seguir nuestro libro, pero con las Miserias libres. Es entre ellas, y que ya seríamos nosotras, escribiendo cada

decir, dejando que las Miserias se relacionaran libremente capítulo, las que plasmaríamos algunas de estas curiosas y miserables interrelaciones a lo largo del libro.

¿Nos hemos dejado alguna? Nuevas Miserias Terapéuticas propuestas por las personas encuestadas

Esta parte del cuestionario fue muy divertida. Tras la pregunta: *¿Nos hemos dejado algo? Aporta tu propia miseria o comentario'* se recogieron nada más ni nada menos que 32 nuevas Miserias compartidas por las terapeutas que respondieron el cuestionario. Aquí las tienes con su texto literal. Son muy realistas y no les falta el toque humorístico, ya verás.

'Empecé cobrando poco por si acaso la cagaba y al final la cagada es regalar el tiempo y el trabajo'

'A día de hoy la que más miserable me hace sentir es la del tiempo de las sesiones.'

'Cuando otro compañero de otra corriente te dice, es que tú te complicas trabajando con la familia, con lo fácil que es verlos de uno en uno.'

'Me pone de los nervios las cancelaciones de última hora o los retrasos y me cuesta mucho que no se me note…'

'Preparar a fondo las terapias versus improvisar'

'Han retrocedido en su mejoría porque me he ido de vacaciones 3 semanas (no han tenido sostén emocional) son casos que están comenzando su proceso (Mea culpa)'

'MISERIA PERSONAL: Por favor, por favor, que no se le ocurran decir tras varias sesiones aquello de "Yo es que a la niña la veo igual que siempre, igual... o peor incluso", o el "Todo esto está muy bien, pero... ¿cuándo vamos a empezar a resolver el problema?", o el temidísimo "Yo es que no veo avances"...'

'Llorar de impotencia cuando ves que el sistema te la ha jugado (una madre quita a la hija de terapia porque no le gustan los cambios que está viendo, no sin antes atacarte diciendo "es que no la estás ayudando a resolver su problema"). :_('

'¿Valoran lo que hago o vienen a desahogarse?'

'¿Estoy confundiendo las historias? Voy a escuchar hasta que me saquen de la duda.'

'¿Sesión o comadreada? ¡Quién no se haya dado nunca un "resbalón de contexto" que lance la primera piedra!'

'Estar pendiente de la imagen que quieres que tengan de tia maja, que sabe escuchar, QUE EMPATIZA PORQUE DA LA RAZÓN...'

'¿Tendré las herramientas necesarias para afrontar la sesión o me quedaré en blanco y sin rumbo?'

'La cara es el espejo del alma (y de lo que piensas/te impresionan ciertos relatos/confesiones en terapia). Debo practicar más el "*Poker Face*".'

'Cuando no pasa de la queja y no atribuye ninguna responsabilidad a su conducta. '

'Cuando te dicen como objetivos: " quiero ser feliz" y tú piensas: "¡joder, y yo!".'

'Un caso que parece en principio fácil, pero tu "instinto terapeutil" te lleva a indagar y explorar y cuando empiezan a salir los traumas te preguntas:"¿Quién me mandó a mí rascar?'

'Muy bueno el formulario. Gracias por las risas. Añadiría acudir a terapia sin dinero. Y, un ¿qué hacemos? a lo que tienes que desarrollar toda tu asertividad, mientras refunfuñas en tu pensamiento: "pero en qué momento vas al odontólogo o profesional de turno sin dinero?".'

'La soledad de la consulta sin poder compartir lo que ha pasado o tus dudas o posibilidades'

'Lo que me ayudó fue eso que dijiste… "¿Que yo dije eso en una sesión anterior? Pues vale… Y de esa devolución que me pareció clave entonces, ya nadie se acuerda (ni yo)".'

'Yo repito la de Michael White XD'

'Esta sesión me tiene aburrida!!!!! o ¿Qué me habría dicho mi supervisora de pre grado en este caso?'

'No es lo que yo hago, es lo que ellos hacen por sí mismos. Necesitar disminuir la intensidad de la vinculación.'

'"Yo no creo en estas cosas, pero he venido porque él/ella me lo ha pedido, esto no sirve para nada…" Y vamos con la motivación para el cambio.'

'No estoy ayudando para nada a la persona, estoy estancada con el caso…cuando lo que necesitan es tiempo y ser escuchados…'

'Creer en el psicólog@ o no, como si fuéramos una religión jajaja.'

'Cuando estoy de cervecillas y me quiero despejar de mis miserias, me hacen poner el traje de terapeuta y no tengo ganas ninguna…. jajajjaj.'

'WhatsApp 24/7, los esfuerzos para no hacer contratransferencia, la necesidad de comentar/hablar de casos y no tener el espacio. '

'Sentirte pesetera cuando les cobras tu.'

'Dejan de asistir, sin decir nada. Soy fatal.'

'Cuando vas arreglado como un pincel y de camino a la sesión o antes de entrar te manchas o se te rompe un poquito la ropa... solo lo notas tú, pero estás toda la sesión pensando en que lo notan todos y estas quedando fatal...'

'Pff y pensar que hoy me han pagado ese dineral y tampoco he hecho/dicho tanto...'

¿Tú también tienes alguna Miseria Terapéutica que aún no hayamos recogido en este libro y te gustaría compartirla con nosotros/as?

Te leemos en **www.macroscopio.com/miseriasterapeuticas**

Algunos de los comentarios que dejaron sobre el contenido del cuestionario:

• ¡¡¡Por Dios!!! Qué identificada me siento!!! Gracias!! Me encanta la forma en que lo explicas!!!'

• 'Geniales las preguntas, me siento totalmente identificada y me alivia pensar que no estoy sola en esto. Muchas gracias. Gran trabajo.'

• 'Jejejeje,es una encuesta muy graciosa. Reconozco mucho, como mostrará el resultado de la encuesta que rellené. Pero, de manera provocativa ya no 'sufro' tanto como antes. Jajaja. Me he puesto al lado oscuro con mucho placer ;-) Y eso funciona para mí. ¡Mucha suerte escribiendo el libro! Un abrazo fuerte'

• 'Sois geniales, qué falta nos hace reconocer nuestra vulnerabilidad!!!'

• 'Muy buenas, les leo y escucho. Sus aportes son geniales. Vuestra creatividad me encanta.'

GLOSARIO

Beatriz Pinto Recio y Silvia Martín Espíldora

Alianzas y coaliciones familiares: Cuidado, la primera es tener una relación guay, la segunda es la chunga ¡todos contra un@!

Circularidad/preguntas circulares: Jaleo mental y desorden que introducimos las psicoterapeutas en la mente de las personas para que sus creencias se vuelvan locas y dejen de hacer eso que no les funciona.

Connotación positiva: El arte de darle la vuelta a lo negativo y convertirlo en lo mejor que te podía pasar. "Darle la vuelta a la tortilla".

Davis, Flora: Especialista en lenguaje no verbal, aquello que transmitimos con los gestos. Imagina que pones cara de "no estoy entendiendo nada" y nosotras, las terapeutas, ya sabemos qué pasa por tu cabeza.

Debate epistemológico: Profunda reflexión, dejar que tu intelecto divague y alucine para llegar a descubrir conceptos comunes, fuentes, criterios y relaciones en el mundillo de la psicología, en nuestro caso, a fin de generar y validar conocimiento.

De Shazer, Steve: Marido de Insoo Kim Berg, la creadora de la famosa pregunta del milagro.

Devolución terapéutica: Lo que decimos al terminar una sesión; tan poderoso que te hace reflexionar y cambiar. Para nosotras, medidor del éxito de la sesión.

Diván: Ser mitológico que habita en las consultas de los psicoanalistas, mucho más inteligentes que los sistémicos rasos, cuyos pacientes necesitan recostarse para sobrellevar los envites de tal erudición.

El Simpático y el Parasimpático: No son dos tíos agradables o súper fantásticos, no. El Simpático nos activa y el Parasimpático nos ayuda a volver a un estado de equilibrio y relajación. Acelerador y freno de nuestro organismo. Forman parte de nuestro sistema nervioso y se activan según necesidades básicas.

Epston, David: El inseparable colega de Miguel Blanco, como uña y carne. El dúo la-la-la. Les mola contar cuentos y escribir cartas.

Escala Likert: Como cualquier otro descubrimiento, su nombre se debe a su autor, Rensis Likert. Por si te aclara algo, es una herramienta de medición, seguro que la has visto hasta en las revistas, registran tu grado de satisfacción, conformidad, acuerdo y desacuerdo.

Escalada simétrica: Competición por ver quién sube más alto, quién queda por encima, sin cesar en el empeño. Guerra más o menos abierta que se detiene sólo cuando los/las contrincantes están agotados física y/o emocionalmente. Paran un rato, cogen fuerzas y vuelven al ataque. Y así hasta el infinito. Spoiler: No gana ninguno.

Escuela de Palo Alto: Formada por un selecto club de profesionales, que no pararon hasta crear las teorías sobre la esquizofrenia y la comunicación. Y, por si fuera poco, sentaron las bases de la interacción en las relaciones humanas. De esta forma Paul, Don, Gregory, John, Ray, Edward…, se convirtieron en los pioneros y auténticos influencers de la terapia familiar. Casi ná.

Haley, Jay Douglas. Una de las figuras fundadoras de la terapia breve y familiar y del modelo estratégico. Autor prolífico donde los haya, estaba todo el día con sus colegas a ver qué inventaban. Por si no lo sabías, cursó estudios de Teatro y Arte, quiso ser dramaturgo, pero le salió rana.

Hipótesis terapéutica: Cual detective al uso que se venga a tu cabeza: Colombo, Sherlock Holmes, Hércules Poirot. Fórmate una idea de lo que está ocurriendo, siempre con un sentido o una lógica y de ahí te flipas y empiezas a investigar qué ha pasado.

Homeostasis: Equilibrio interno de un sistema, lo contrario de crisis total. Aunque te sorprenda, es una propiedad de los organismos y una capacidad de mantenernos estables. Tú también la tienes, si no la encuentras pide cita a tu terapeuta.

Medias y Medianas: Medidas de resumen estadísticas que sintetizan un montón de datos. Distribución de valores desparramados en un continuo para poder ordenarlos.

Metacomunicar: Hablar de la comunicación a través de la comunicación, para que luego digan que somos complicados… Hablar de lo que se habla, que no es lo mismo que hablar por hablar.

Narcisista: Mirarte el ombligo continuamente, entre otras cosillas que tienen que ver con el Yo y no con los demás. Primero yo, después yo, más tarde yo, y si todavía queda algo, para mí.

Nardone, Giorgio: Psicólogo-psicoterapeuta italiano, colega y heredero de P. Watzlawick. Pequeño gran estratega (por lo de terapia estratégica breve). Está vivo sí, trabaja en su centro de Terapia Estratégica en Arezzo.

Neutralidad: Cualidad de neutral. No estar de un lado ni de otro, ser imparcial. En este caso, negarte a tomar partido en una discusión, porque la puedes liar muy parda.

Pakman, Marcelo: Psiquiatra, psicoterapeuta y terapeuta familiar. ¿Cómo combinar micropolítica con filosofía, arte, religión y práctica social? Solo si eres él y tienes base sistémica, por supuesto.

Pregunta Milagro: El milagro estriba más en hacer la pregunta en el momento exacto y, sobre todo, en que tu interlocutor/a la entienda.

Prescripciones: Herramienta básica de cualquier terapeuta que sirve para apoyar y potenciar el trabajo entre sesiones, empezamos desde tareas simples a aquello más complejo. Los consultantes lo suelen llamar "deberes", aunque no te quedas sin recreo si no los haces.

Psicotrampa: Trampas psicológicas, no hay más que explicar. Redefinición: Decir las cosas de otra manera, utilizando como argumento base, entre otros: el consuelo de muchos, no eres tan rar@ como crees...

Relación terapéutica: No te creas que es una relación y punto, ni mucho menos, es una de las premisas básicas para que se construyan nuevas narrativas funcionales en el espacio de terapia. Relación interpersonal que te lleva al infinito y más allá.

Resonancias: Eso que se me activa por dentro y me pica/duele/machaca cuando se dice algo que ni yo tengo claro qué es.

Satir, Virginia: Psicoterapeuta estadounidense, detective familiar. Revolucionaria en el campo de la terapia familiar. Una crack.

Síndrome del Impostor: Por aquí hemos pasado la gran mayoría de profesionales dedicados a la salud mental y seguro que otras disciplinas también. En otras palabras, ni tú mismo te crees lo que dices, haces, pero das el pego y nadie desde fuera lo nota. Teoría del Apego y tipos: Súper resumido; "vínculo afectivo que se establece desde la infancia con al menos un cuidador principal". Tela marinera de importante, porque es la base de nuestro posterior desarrollo social y emocional.

El estilo de apego puede ser seguro o inseguro, y dentro del inseguro: evitativo, ansioso ambivalente o desorganizado. Es un poco largo de explicar, nos llevaría otro capítulo y no ha lugar.

Terapia Familiar: Hace referencia a aquello de que, cuantos más seamos mejor, es decir, en terapia de familia convocamos a todos-los integrantes a la sesión: progenitores, herman@s, abuel@s, tí@s y si puedes a las mascotas, también. ¡Tod@s caben y cuentan!

Terapia Narrativa: Relata una historia que yo, como terapeuta narrativo le voy a dar la vuelta y lo voy a convertir en un "historión".

Terapia Sistémica: Nuestro marco de referencia, nuestra filosofía, el sendero que nos ilumina en el quehacer terapéutico.

Triangular: Además de una forma geométrica, es una táctica de manipulación en la que una persona usa vilmente a una tercera (que por lo general no se está enterando de qué va la vaina) para hacerle llegar un mensaje o perjudicar a la segunda.

Soluciones intentadas: No es sólo lo que intentamos para solucionar un problema, es lo que repetimos una y otra vez a sabiendas de que no nos funciona. Es por ello, que pueden ser eficaces o ineficaces.

Usuari@s/Clientes/Consultantes/Pacientes: L@s que aparecen por la puerta pidiendo ayuda/orientación/pautas, no nos ponemos de acuerdo para atinar con el nombre exacto.

Vagal-Ventral-Dorsal: Uf, habría que definir también la teoría Polivagal, tú quédate con que el sistema nervioso autónomo responde a determinados peligros y estímulos. ¿Te acuerdas del simpático y el parasimpático? Pues por ahí van los tiros.

Watzlawick, Paul: Teórico, filósofo y psicólogo. Reconocido por su uso de las anécdotas, el humor, fragmentos de novelas, películas y metáforas para explicar temas complejos.

Whitaker, Carl: Psiquiatra estadounidense, pionero en Terapia Familiar, lo importante es cómo te vinculas a tus consultantes. Para ser psiquiatra, tenía ideas poco convencionales. Le dio un gran valor a la comunicación y a las experiencias afectivas y habló de la naturaleza transformadora del encuentro interpersonal.

White, Michael: Miguel Blanco en castellano, colega de D, Epston y padre de la terapia Narrativa. El que le quita el sueño a más de un@.

BIBLIOGRAFÍA

Bateson, G. (1998), Pasos hacia una ecología de la mente. Una aproximación revolucionaria a la autocomprensión del hombre, Buenos Aires, Ed. Lumen.

Boscolo, L., Bertrando, P. (1993), I tempi del tempo. Una nuova prospettiva per la consulenza e la terapia sistemica, Torino, Ed. Bollati Boringhieri.

Casas, M. C. (2021), La familia de origen del terapeuta en sesión. Moviéndonos entre familias. Madrid, Ed. Morata.
Cecchin, G. (1987), Hypothesizing, circularity and neutrality revisited: An invitation to curiosity, Family Process, 26, 405-413.

Davis, F. (1998), La comunicación no verbal, Madrid, Alianza Editorial.

Duncan, B. L., Miller, S. D., Wampold, B. E., y Hubble, M. A. (Eds.) (2010), The heart and soul of change: Delivering what works in therapy, (2ª ed.), American Psychological Association .

Escudero, V. (2009), La creación de la alianza terapéutica en la terapia familiar. Apuntes de psicología, 27(2), 247- 259.

Escudero, V. y Friedlander, M. (2019), Alianza terapeútica con familias. Como empoderar al cliente en los casos difíciles, Barcelona, Ed. Herder.

Guy, J. (1995), La vida personal del psicoterapeuta: el impacto de la práctica clínica en las emociones y vivencias del terapeuta, Barcelona, Paidós.

Haley, J. (1969), The art of being a failure as a therapist. American Journal of Orthopsychiatry, 39(4), 691–695.

Hoffman, L. (1990), Constructing realities: An art of lenses. Family Process, 29, 1-12.

Manfrida, G., & Albertini, V. (2017), La última palabra, entre autoridad y responsabilidad terapéutica: La devolución según el modelo narrativo de las Realidades Compartidas. Redes, 171–182.

Real Academia Española, (2019), Diccionario de la lengua española, 23ª ed., [versión 23.5 en línea]. [s.f.]. https://dle.rae.es

Rodríguez Morejón, A. (2019), Manual de psicoterapias, Barcelona, Editorial Herder.

Satir, V. (1999), Relaciones humanas en el núcleo familiar, (Ed. cor. y), México, Ed. Pax-México.

Selvini, M., Boscolo, I., Cecchin, G., y Prata, G. (1980), Terapia Familiare, (7), 7 – 19.
Watzlawick, Paul; Beavin, Janet H.; Jackson, Don D. (1971), (2002), Teoría de la comunicación humana, Buenos Aires, Tiempo Contemporáneo.

Whitaker, C. A., & Ryan, M. O. (2001), Meditaciones nocturnas de un terapeuta familiar, Barcelona, Paidós.

White, M. (2016), Mapas de la práctica narrativa, PRANAS Chile Ediciones.

9 798808 675520